JN021810

競技力向上の
ための
ウエイトトレーニング
の考え方

河森 直紀 PhD,CSCS

まえがき：
なぜ「考え方」なのか

　アスリートが競技力を向上させるために，競技の練習に加えてウエイトトレーニングを実施することが当たり前になりつつあります。明らかにウエイトトレーニングが必要と思われるラグビーやアメリカンフットボール，陸上の投てき種目などのいわゆる筋力・パワー系競技のアスリートだけではなく，一見ウエイトトレーニングとは無縁に思えるトライアスロンやマラソンなどの持久系競技のアスリートでも，積極的にウエイトトレーニングに取り組むケースが増えています。そうした需要を反映してか，ウエイトトレーニングに関連した情報も，インターネットやソーシャル・ネットワーキング・サービス（SNS）を通じて手軽に，そして多くの場合は無料で，手に入れることができるようになってきました。また，紙媒体に目を向けてみても，ウエイトトレーニングに関する本や雑誌が数多く出版されています。数十年前と比べると，ウエイトトレーニングに関連して発信される情報量は，格段に増えているといってよいでしょう。ストレングス＆コンディショニング（S&C）コーチという肩書で，アスリートの競技力向上のためのトレーニング指導をしている私の目には，そのような時代の流れは好ましいものに映ります。なぜなら，適切に計画・実施されたウエイトトレーニングによって引き起こされる体力の向上は，あらゆる競技のアスリートに恩恵をもたらしてくれるからです。より多くのアスリートがウエイトトレーニングの必要性を認識して実践し，その恩恵を受けるようになってほしいと，心の底から願ってやみません。私もそのような流れに微力ながらも貢献したいと考えています。本書も，その一助になればという想いで執筆しました。

そうした時代の流れの一方で，競技力向上のためにウエイトトレーニングなんてやる必要はない，むしろ有害である，と考えているアスリートや競技コーチがまだまだ存在することも事実です。また，必要性を感じてウエイトトレーニングに取り組んでみたものの，期待したほどの競技力向上効果を実感することができず（もしくは逆に競技力が低下してしまい），結局ウエイトトレーニングをやめてしまった，というアスリートも数多くいるでしょう。残念ながら，インターネットやSNS，本，雑誌などで発信されているウエイトトレーニングに関する情報の中には，何の根拠もない間違った内容や，アスリートには参考にならない・当てはまらない内容が数多く含まれています。そのような情報をもとにウエイトトレーニングに取り組んだとしても，期待したような効果が得られる可能性は低いでしょう。それは決して，アスリートがウエイトトレーニングに取り組むこと自体に意味がないということではありません。「不適切なやり方で」ウエイトトレーニングを実施しても効果が出ない，もしくは逆効果になりうるということです。逆にいうと，「適切なやり方で」ウエイトトレーニングに取り組みさえすれば，競技力向上に繋がる可能性は高いのです。したがって，ウエイトトレーニングに関連して発信される情報量が増えている今，求められているのは「情報を見つける能力」ではなく「情報の真偽を見極める能力」や「情報を適切に活用する能力」だといえるでしょう。

　情報の真偽を見極めるためには，情報発信者のバックグラウンドについて調べる，情報源（一次情報）にあたる，関連する他の情報と比べる，などのさまざまなテクニックを駆使することも有効です。しかし，根本的に必要なのは「なぜアスリートがウエイトトレーニングをするべきなのか」「アスリートがウエイトトレーニングを実施すると，それがどのようにして競技力向上に繋がるのか」といった本質的な考え方を理解しておくことです。ここでいう「考え方」とは，英語でいうところの「Why」にあたるものです。アスリートがウエイトトレーニングをすることのWhyをトコトン突き詰めて考え理解しておけば，ウエイトトレーニング

の適切なやり方（How や What）は自ずと見えてきます。また，根本的な考え方（Why）をしっかりと理解できていれば，情報の真偽を見極めることができるようになるだけでなく，ウエイトトレーニングへの取り組みに対して「1本の軸」を持つことにも繋がります。ウエイトトレーニングの方向性で悩んだ時に，立ち返ることのできる原点とでもいいましょうか。この「1本の軸」を持っておけば，ウエイトトレーニングのやり方（How や What）が間違った方向に進むことを防いでくれて，結果として，競技力向上に繋がる可能性を高めてくれます。How や What は科学やテクノロジーの発展により時代とともに変わりうるものですが，Why は変わることのない根源的なものなのです。

　メディアで流れてくる情報を眺めたり，実際にアスリートがウエイトトレーニングを実施している様子を観察したりしていると，「これは間違った方向性でトレーニングを進めてしまっているな」「このやり方でトレーニングを続けても，競技力向上には繋がらないだろうな」と感じることがあります。そして，その原因を探ってみると，ウエイトトレーニングのやり方（How や What）の問題というよりは，そもそも根本的な考え方（Why）の部分がズレてしまっていると思われるケースがほとんどです。たとえば，上半身のウエイトトレーニングを実施する時に，広背筋や大胸筋などの特定の筋肉に刺激をしっかりと入れるために肩甲骨を固定しましょう，と指導される場合があります。これは How の部分にあたるコツまたはテクニックです。「筋肉を大きくして見た目をよくする」という目的（Why）のためにウエイトトレーニングをやるのであれば，それは適切な How なのかもしれません。しかし，たとえば野球のピッチャーや競泳選手のように，肩周りの柔軟性や肩甲骨を動かす能力が重要な競技のアスリートが，「競技力を向上させる」という目的（Why）のためにウエイトトレーニングを実施するのであれば，肩甲骨を固定するという How は適切なものではない可能性があります。筋肉は大きくなるかもしれませんが，肩周りの柔軟性や肩甲骨を動かす能力が低下してしまう恐れがあるからです。むしろ，肩甲骨を適切な方向に動かして，上腕

骨と連動させながら鍛えるような How のほうが,「競技力を向上させる」という Why にはかなっているかもしれません。

　だからといって, たとえばベンチプレスをやる時に肩甲骨を大きく動かそうとすると, 肩に負担がかかって痛みやケガに繋がってしまうリスクがあります。そのような場合には, How ではなく What, つまりエクササイズそのものを, Why に則したもの（腕立て伏せなど）に変えるという選択のほうが適切でしょう。

　また, たとえ野球のピッチャーや競泳選手であっても, 肩甲骨を適切な方向に動かして, 上腕骨と連動させながら鍛えるようなエクササイズをやったうえで, それではカバーしきれない弱点部位を補強するために, あえて肩甲骨を固定して特定の筋肉にしっかりと刺激を入れるようなエクササイズを追加で実施するということであれば, 大きな問題はないかもしれません。

　ウエイトトレーニングにおいて, どのエクササイズを実施するか（What）や, どのように実施するか（How）については, さまざまな選択肢が存在します。絶対的にどれが適切でどれが不適切であるかを指摘することは不可能です。なぜなら「場合や目的による」からです。しかし, ウエイトトレーニングを実施する目的（Why）さえ明確になれば, それに対して適切な How や What は自ずと決まってきます。ある特定の Why のためには適切な How や What であっても, 他の Why のためには不適切である, ということがありうるのです。つまり, 順番としては Why を明確に定めるのが最初であるべきなのです。

　インターネットや SNS, 本, 雑誌などで発信されているウエイトトレーニング関連情報は, How や What に関するものが中心です。いわゆる「方法論」的なものや「ハウツー」ものが数としては圧倒的に多いのです。それに対して, 本書は Why の部分, つまりウエイトトレーニングに対する根本的な「考え方」に焦点を当てて執筆しました。それが本書の最大の特徴です。本書を読んで, Why についての理解を深めていただければ, 巷にあふれているウエイトトレーニングの How や What に関する情報の

真偽を見極めたうえで，より上手に活用できるようになるはずです。ウエイトトレーニングをアスリートに指導する立場の読者であれば，How や What だけでなく，その背景にある Why もしっかりと理解しておくことで，より効果的に，そしてより自信を持って，適切な What を選択し How を指導できるようになります。ウエイトトレーニングが間違った方向に進んでしまい，競技力向上に繋がらないという失敗を避けることもできるでしょう。また，競技力向上のためにご自身でウエイトトレーニングをされているアスリートの読者であれば，Why を知っておくことで適切な動き（How）に対する意識が高まり，より効果的なトレーニングに繋がるはずです。さらには，なぜそのトレーニング（What）をそのやり方（How）でやるのかについても納得できるので，ウエイトトレーニングに対するモチベーションも高まるでしょう。

　ぜひとも，本書を読んで，間違った情報に惑わされない「1 本の軸」をご自身の中に作っていただき，ウエイトトレーニングを競技力向上に繋げる可能性を高めてください。

2020 年 9 月

著　　者

もくじ

まえがき：なぜ「考え方」なのか　*3*

1. 練習 vs. トレーニング　*11*

1-1　練習とトレーニングは主目的が異なる ……………………………… *12*
1-2　技術と体力はまったくの別物か ……………………………………… *14*

2. ウエイトトレーニングの定義　*19*

2-1　トレーニングを指す用語の分類 ……………………………………… *19*
2-2　ウエイトトレーニングを指す用語の使い分け …………………… *21*

3. アスリートがウエイトトレーニングをするべき理由　*23*

3-1　競技スポーツの目的は「勝つ」こと ……………………………… *24*
3-2　他のタイプのウエイトトレーニングとの違い …………………… *27*
　　　3-2-1　さまざまなタイプのウエイトトレーニング　*27*
　　　3-2-2　他のタイプのウエイトトレーニングとの付き合い方　*30*
3-3　練習だけで勝てるなら，ウエイトトレーニングをする必要はない
　　　……………………………………………………………………………… *32*
3-4　練習だけではできないことを，練習から離れて，練習とは別に実施する
　　　……………………………………………………………………………… *36*
3-5　練習とは別にウエイトトレーニングを実施して達成できること
　　　……………………………………………………………………………… *39*

4. トレーニングは競技力向上にどのように貢献できるか　*49*

4-1　アスリートとしてのポテンシャルを広げる ……………………… *50*

4-2　ケガをしづらい身体づくり ………………………………………… *56*

    4-2-1　ウエイトトレーニングで「ケガをしづらい身体づくり」は可能か *57*

    4-2-2　「ケガをしづらい身体づくり」がどう競技力向上に繋がるのか *63*

4-3　アスリートとしてのポテンシャルを広げるためのトレーニングと，ケ
　　　ガをしづらい身体づくりのためのトレーニングは別物か ………… *68*

5. トレーニングが競技力向上に繋がるまでのプロセス　*71*

5-1　入力→ブラックボックス→出力 …………………………………… *71*

5-2　超回復理論 vs. フィットネス–疲労理論 …………………………… *73*

    5-2-1　超回復理論　*74*

    5-2-2　フィットネス–疲労理論　*78*

    5-2-3　どちらを採用するべきか　*81*

5-3　トレーニング効果の転移 …………………………………………… *87*

    5-3-1　トレーニング効果を競技力に繋げるもう 1 ステップ　*88*

    5-3-2　「トレーニング効果の転移」を促進するための方法　*90*

    5-3-3　「トレーニング効果の転移」を促進するのは誰の役割？　*91*

    5-3-4　「トレーニング効果の転移」の時間的遅延　*93*

    5-3-5　「誤った競技特異的トレーニング」は「トレーニング効果の転移」
　　　　　を促進するか　*97*

5-4　ブラックボックスの振る舞いに影響を及ぼす要因 ……………… *98*

5-5　体力以外に競技力に影響を及ぼす要因 …………………………… *111*

6. トレーニングの原則　*115*

6-1　漸進性過負荷の原則 ………………………………………………… *116*

　　　6-1-1　過負荷の原則　*117*

　　　6-1-2　漸進性の原則　*120*

　　　6-1-3　漸進性＋過負荷の原則　*124*

　　　6-1-4　漸進性過負荷の原則の例外　*126*

　　　6-1-5　漸進性過負荷の原則を守ることはケガのリスクを減らすことにも
　　　　　　繋がる　*128*

　6-2　特異性の原則 ……………………………………………………… *131*

　　　6-2-1　特異性の原則の本来の意味　*132*

　　　6-2-2　誤った競技特異的トレーニング　*133*

　　　6-2-3　特異性の原則の例外　*146*

　　　6-2-4　「練習」の一環として，競技動作に外的な負荷をかける　*150*

　6-3　　バリエーションの原則 ………………………………………… *154*

　　　6-3-1　なぜバリエーションが必要か　*155*

　　　6-3-2　バリエーションは諸刃の剣　*161*

　　　6-3-3　バリエーション vs. ランダムネス　*168*

　　　6-3-4　バリエーションの原則の例外　*169*

あとがき　*173*

参考文献　*177*

●コラム

コラム1　トラやライオンはウエイトトレーニングしない！？　*35*

コラム2　コンピューターシミュレーション研究―筋力の向上と垂直跳びパフォ
　　　　ーマンス―　*52*

コラム3　なぜ「ケガをしづらい身体づくり」という表現を使うか　*60*

コラム4　才能のあるアスリートのほうがケガをしやすい！？　*66*

コラム5　トレーニングをしても体力は急に向上しない　*84*

コラム6　「トレーニング効果の転移」にS&Cコーチが直接介入できる場合　*94*

コラム7　持久系競技のアスリートには，ウエイトトレーニングを低負荷・高レ
　　　　ップ数でやらせたほうがいい？　*144*

コラム8　「Train Movements, Not Muscles」ではなく「Train Muscles For
　　　　Movements」　*152*

1
練習
vs.
トレーニング

　本書では，書名のとおり，「競技力向上のためのウエイトトレーニング」についての考え方に焦点を当てて話を進めていきます。しかし，本書で紹介する基本的な考え方は，ウエイトトレーニングだけでなく，持久力トレーニングや柔軟性トレーニングなど，他のタイプのトレーニングにも十分当てはまります。したがって，ウエイトトレーニング以外のタイプのトレーニングを計画したり実施したりする時にも，本書の内容を参考にしていただければ，競技力向上に繋がる可能性を高めることができるはずです。

　本書で使用する「トレーニング」という言葉は，筋力・持久力・柔軟性などの「体力」を向上させるトレーニングのことを指しており，いわゆる競技の「練習」は含みません。競技練習のことを「技術トレーニング」や「競技トレーニング」と呼び，それらも「トレーニング」という用語の中に含める場合もありますが，本書では「練習」と「トレーニング」を明確に区別して話を進めていきます。なぜなら，両者を明確に区別して捉えておいたほうが，頭の中が整理され，競技力向上のためのトレーニングの考え方を理解しやすくなるからです。そして，それが最終的には，競技力向上という成果を出すためのトレーニングの計画・実施に繋がるからです。

1-1 練習とトレーニングは主目的が異なる

　「練習」と「トレーニング」を明確に区別して別のものとして捉える場合，両者にはいったいどのような違いがあるのでしょうか。その答えを一言でいうと，練習とトレーニングは「主目的」が異なるということができます。具体的にいうと，**練習の主目的は「技術」の向上で，トレーニングの主目的は「体力」の向上である**，という違いがあります [81, 82]（練習には，技術の向上だけでなく，状況判断力やチーム戦術など，他の要素を向上させる役割もありますが，本書では議論をわかりやすくするために，練習の主な目的を「技術」の向上に絞って話を進めます）。

> ● 練習の主目的は「技術」の向上。
> ● トレーニングの主目的は「体力」の向上。

　技術を向上させたいのか，体力を向上させたいのか，目的がはっきりしないトレーニングを目にすることがしばしばあります。あるいは，「技術も体力もまとめて鍛えるぞ！」という感じで，1つのトレーニングだけでいろいろな要素を向上させようと欲張りすぎて，結局は何も向上させることができない中途半端なトレーニングになってしまっているのを見かけることもあります。そのような間違いをおかしてしまうのは，練習とトレーニングの主目的の違いを明確に理解できていないことが原因です。**練習で技術だけでなく体力も向上させようとしたり，トレーニングで体力だけでなく技術も向上させようとしたりするのは，非常に効率が悪いアプローチです**。目的が曖昧だと，その効果も中途半端なものになってしまいます。また，トレーニングで体力だけでなく技術も向上させようとすると，そのやり方によっては，関節や筋肉に不健康なストレスがかかって痛みやケガに繋がったり，技術が崩れてしまったりするリスクさえあります。技術を向上させるためには練習に集中し，体力を向上させるためにはトレーニングに集中して，それぞれを個別

に強化したほうが，はるかに効率もよいし，効果も高くなります。

　このような主張をすると，反論をいただくことがあります。「練習をやって体力が向上することもあるし，トレーニングをやって技術が上達することだってあるだろう！」と。これはまったくそのとおりで，そうした可能性を否定するつもりは一切ありません。前者（練習をやって体力が向上する）に関していうと，とくに体力レベルの低いアスリートの場合，練習をするだけでもそれが十分なトレーニング刺激となり，体力が向上することは十分ありえます。たとえば，中学校の部活動を引退後，しばらく受験勉強に専念していて運動をあまりしていなかったバスケットボール選手が，高校に入学してバスケットボール部に入部し，バスケットボールの練習をするようになったら，それだけで持久力をはじめとする体力が向上することはあるでしょう。運動不足により体力が低下している状態では，バスケットボールの練習だけでも十分なトレーニング刺激となりうるからです（現実的には，新入生は入部後しばらくの間はバスケットボールの練習をさせてもらえず，トレーニングばかりやらされることが多いかもしれませんが）。また，競技によっては，競技の動きそのものが身体にとって大きな負荷となり，アスリートの体力レベルにかかわらず，練習をするだけで体力が向上しやすいものもあります。たとえば，体操選手はウエイトトレーニングをしていなくても，とくに上半身の筋肉が大きく発達していますし，スピードスケート選手や自転車選手（とくに短距離種目）は，ウエイトトレーニングをやっていなくても太もも周りの筋肉の肥大が著しいです [77]。後者（トレーニングをやって技術が上達する）についても，たとえばウエイトトレーニングを実施することで，適切な筋肉に力を入れる「コツ」のよう

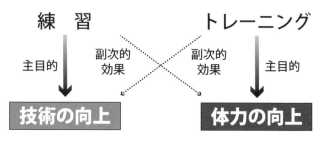

図 1-1 練習とトレーニングの主目的と副次的効果

なものを掴んで，それが競技における技術の上達に繋がることもありえます。

　したがって，「練習をやっても技術だけしか向上しない」「トレーニングをやっても体力だけしか向上しない」と主張しているわけではありません。実際，練習によって体力が向上することもあるし，トレーニングによって技術が向上することもあるでしょう。しかし，それらは結果として起こる「副次的効果」であって，本来の目的として狙ったもの・期待したものではありません[81]。あくまでも，練習の「主目的」は技術であり，トレーニングの「主目的」は体力の向上である，と捉えておいたほうが，頭の中も整理され，結果として，トレーニングを競技力向上に結びつけることができる可能性も高くなります（**図1-1**）。

1-2　技術と体力はまったくの別物か

　ここで1つ言及しておきたいことがあります。それは，練習とトレーニングは主目的が異なる別のものとして捉えたほうがよいとはいえ，技術と体力も同じように互いに独立したまったく別のものというわけではないという点です。技術と体力をそれぞれ別々に向上させれば，技術と体力の足し算あるいは総合力としての「競技力」が自動的に向上するというわけではないのです。なぜなら，技術と体力は相互に影響を与え合う関係にあり，いわば「車の両輪」のような役割があるからです。

　たとえば，ジャンプから着地をする時に，膝が内側に入ってしまう動きを「knee-in」と呼ぶことがあります。この knee-in と呼ばれる動きが起きてしまうと膝に負担がかかり，前十字靭帯などを損傷するリスクが高まることが知られています[32]。また，ケガのリスクだけでなく，ジャンプから着地した後に素早く次の動作に移るというパフォーマンスの観点からみても，膝への負担が増えてしまう knee-in は好ましくありません。そこで，knee-in を矯正するために，ボックスや台の上から跳び下りて，着地動作だけを繰り返し練習することがあります。「knee-in にならないように」と意識して練習をすれば，着地動作の技術がある程度は向上し，knee-in を予防できるようになるかもしれません。しかし，knee-in してしまうそもそもの原因が着地動作に関与する筋肉（中殿筋など）の筋力不足だったとしたら，ただ練習を繰り返すだけでは大幅な動作の改善は難しいでしょう。そのような場合は，練習とは別にウエイトトレーニングを実施して中殿筋などを鍛えたほうが，効率よく筋力を向上させることができるので，結果として knee-in にならずに着地する技術の向上にも結びつきやすいはずです。「knee-in にならずにジャンプから着地する」という動作の他にも，体力が不足していると習得が難しい技術というのは無数に存在します。たとえば，フィギュアスケーターが 4 回転ジャンプを習得しようとしても，4 回転するのに必要な滞空時間を得るだけのジャンプ力がなければ，どれだけ練習をしても習得することはできません。あるいは，女子バスケットボール選手が 3 ポイントラインからのワンハンドシュートを習得しようとしても，ボールをリングに届かせるために必要な筋力が足りなければ，どれだけ練習を繰り返してもシュートを決められるようにはならないでしょう。また，もともと実施できていた技術であっても，体力を向上させることで，より速く，より正確に，よりパワフルにできるようになることもあります。ここでいう「体力」は，筋力にかぎらず，柔軟性や持久力の場合もあるでしょう。

　私もストレングス＆コンディショニング（S&C）コーチとして，走る・曲がる・止まるなどの基本的な動きの技術（＝ムーブメントスキル）を指導する機会がありますが，筋力や柔軟性が足りないために，どれだけ「こうい

うように身体を動かしましょう」と指導をしても，どれだけその動きを繰り返し練習してもらっても，適切な動きを身につけることができないアスリートに出くわすことがあります。そのような場合に，「こういうように身体を動かしましょう」といい続けたり，練習量をさらに増やしてひたすらその動きを繰り返させたり，「なぜできないんだ」と怒ったりしたところで，その技術を身につけることはできません。その動きをするのに必要な体力がなければ，できないのです。そのような場合は，現時点での体力レベルで実施可能と思われる動きだけを練習してもらいつつ，それと並行してウエイトトレーニングを実施して，筋力や柔軟性を向上させるのが最善の策です。筋力や柔軟性が，求める動きを実現するのに必要なレベルになってくれば，後は練習さえ積めばその技術を身につけることができる準備が整うはずです。

　いずれにしても，**愚直に練習を繰り返してさえいれば，どのような技術であってもいつかは習得できる，というのは幻想**です。「技術が要求する体力レベル」というものが存在するので，現時点での体力がそのレベルに届いていないのであれば，まずはトレーニングによって体力を向上させることが必要になります。逆の見方をすると，「**新しい技術を習得しようとした時に，十分な量と質の練習さえ実施すればその技術を身につけることができるだけの体力的な準備をしておいてあげるのが，トレーニングの役割である**」と考えることもできるでしょう。体力は技術を生かすため，あるいは技術を伸ばすための土台である，と捉えるとわかりやすいかもしれません。つまり，技術は体力という土台の上に成り立つのです。

　また，技術と体力の関係性は，すでに説明したような「体力が不足しているとできない技術がある」とか「技術を生かすためには体力の土台が必要である」といった一方通行ではありません。トレーニングを実施して体力が向上する（変化する）と，パフォーマンスを最大化するために必要な技術も変わるため，「向上した体力を生かすためには，新たに最適な技術を（練習によって）身につけ直す必要がある」という逆の関係もあるのです。たとえば，ゴルフ選手がウエイトトレーニングに励んで筋力が向上し，ショットの飛距離が伸びたとします。その結果，今までよりも少ない打数でグリーンオンで

きるようになったら，自動的に競技成績も向上しそうです。しかし，比較的短い距離のショットでグリーンオンを狙うような場面において，今までと同じ力の加減で打ってしまうと，筋力が向上して飛距離が伸びている分，ボールがグリーンをオーバーして外れてしまうリスクがあります。結果として，筋力が向上してショットの飛距離は伸びたのに，逆に競技成績が下がってしまう恐れがあるのです。ただし，短い距離のショットをコントロールする技術を練習によって新たに身につけることさえできれば，競技力向上に繋がる可能性が高まります。つまり，向上した体力を生かすためには，技術が必要なのです。

　技術を身につけるためには体力が必要であり，体力を生かすためには技術が必要です。練習とトレーニングは主目的が異なる別物として捉えたほうがよいとはいえ，技術と体力は互いに完全に独立した能力というわけではなく，相互に影響を及ぼし合う，切っても切れない関係にあるということは覚えておいてください。技術と体力はまさに「車の両輪」なのです。

2

ウエイトトレーニングの定義

　第1章では，「練習」と「トレーニング」は主目的が異なる別のものであるということを解説しました。そして，「トレーニング」は，体力を向上させることを主目的として実施する活動であると定義をしました。実際には一言で「トレーニング」といってもさまざまなタイプのものが存在しますが，その中の1つが，本書のテーマでもある「ウエイトトレーニング」です。本書では一貫して「ウエイトトレーニング」という言葉を使っていますが，同じような意味合いで，「レジスタンストレーニング」「筋力トレーニング」「筋トレ」「ストレングストレーニング」といった他の言葉を耳にしたことがあったり使ったりしている読者も多いでしょう。本章では，それぞれの呼び方について一度整理したうえで，「ウエイトトレーニング」という言葉の定義について考えてみます。

2-1　トレーニングを指す用語の分類

　ウエイトトレーニングをはじめとするさまざまな呼び方は，大まかに以下の3つのカテゴリーに分類することができます。

① ウエイトトレーニング

② レジスタンストレーニング

③ 筋力トレーニング（筋トレ，ストレングストレーニング）

それぞれの用語の意味するところについて，詳しく見ていきましょう。

① ウエイトトレーニング

　「ウエイト」とは重量のことです。そして「重量」とは，物体に働く地球の重力の大きさのことです。つまり，ダンベル・バーベル・ウエイトスタックマシン等のトレーニング器具の重量や，アスリート自身の体重を負荷として用いて実施するトレーニングを「ウエイトトレーニング」と呼びます（厳密にいうと，物体の重量だけでなく慣性も負荷として働きます）。「ウエイトトレーニング」というのは，何を鍛えるのかという目的ではなく，何を使って鍛えるのかという手段を指定した呼び方であると捉えることができます。

② レジスタンストレーニング

　「レジスタンス」とは抵抗のことです。つまり，「レジスタンストレーニング」といった場合，あらゆる種類の抵抗を負荷として用いて実施するトレーニングを指すことになります。もちろん，ダンベルやバーベル等の「重量」も抵抗に含まれますが，それ以外にも，ゴムバンドなどの「弾性」やトレーニングマシンで使われる「空気圧」「油圧」「慣性」，スレッド等を押す場合の「摩擦」なども含まれます。したがって，「レジスタンストレーニング」という呼び方は，ウエイトトレーニングよりも広い意味合いで使う言葉になります。逆にいうと，ウエイトトレーニングという言葉はレジスタンストレーニングという言葉の中に含まれていると捉えることもできるでしょう。また，「レジスタンストレーニング」もウエイトトレーニングと同様に，何を鍛えるのかという目的ではなく，何を使って鍛えるのかという手段を指定した呼び方になります。

③ 筋力トレーニング（筋トレ，ストレングストレーニング）

「ウエイトトレーニング」「レジスタンストレーニング」とは異なり，「筋力トレーニング」と言った場合には，トレーニングの手段ではなく目的（＝「筋力」の向上）に言及した呼び方になります。「筋トレ」や「ストレングストレーニング」という呼び方も，基本的には筋力トレーニングと同じ部類のものだと捉えてよいでしょう。

2-2　ウエイトトレーニングを指す用語の使い分け

私も普段はそこまで厳密に上記の用語を使い分けているわけではありませんが，少なくとも知識としては頭の中に入っています。もし，これらの用語をあえて使い分けるのであれば，私は③の「筋力トレーニング（筋トレ，ストレングストレーニング）」という呼び方はあまり積極的には使いません。トレーニングの目的が「筋力」の向上に限定されるイメージを与えかねないからです（例外として，SNS 等に投稿する時には，文字数の関係で「筋トレ」という用語を使うことはあります）。実際のところ，本書で「ウエイトトレーニング」と呼んでいるものは，筋力の向上だけでなく，筋肥大・柔軟性の向上・身体組成の改善・爆発的パワーの向上など，さまざまな目的のために使えるトレーニングです。そう考えると，目的に言及する呼び方よりも，手段に言及する呼び方のほうが適切なのかもしれません。そして，手段に言及する２つの呼び方のうち，言葉の厳密さを求めるのであれば，②の「レジスタンストレーニング」を使っておいたほうが無難です。トレーニング負荷として用いるあらゆる種類の「抵抗（＝レジスタンス）」を含んだ呼び方なので間違いありません。逆に，たとえば空気圧を利用したマシンを使ったエクササイズやゴムバンドの弾性を使用したエクササイズのように，重量（＝ウエイト）以外の抵抗をトレーニング負荷として使うエクササイズを「ウエイトトレーニング」と呼んでしまうのは，厳密にいうと不適切です。

それにもかかわらず，なぜ本書では「ウエイトトレーニング」という呼び方をあえて使っているのでしょうか。それは，「ウエイトトレーニング」の

ほうが，読者の多くにとって聞き覚えのある，一般的な呼び方だからです。
「レジスタンストレーニング」といわれてもピンとこない読者は多いと思い
ますが，「ウエイトトレーニング」といわれれば，何を指しているのか想像
がつく方が多いでしょう。また，本書で「ウエイトトレーニング」と呼んで
いるトレーニングを私がアスリートに指導する場合には，バーベルやダンベ
ル，自体重，ウエイトスタックマシンなどの「重量（＝ウエイト）」をトレー
ニング負荷として用いることがほとんどです。実際，私がアスリート向け
に作成したウエイトトレーニングプログラムを確認してみると，その中に含
まれているエクササイズのうち概ね90％以上は「重量（＝ウエイト）」を負
荷にしているものです。残りの10％の中に，ゴムバンドの「弾性」やマシ
ンの「空気圧」等が含まれている程度です。したがって，「ウエイトトレー
ニング」という呼び方は，「レジスタンストレーニング」と比べると，言葉
としては100％正確ではないかもしれませんが，ほぼ（90％以上）正確で
あるといっても問題ないでしょう。また，「伝わりやすさ」という点では，「ウ
エイトトレーニング」のほうが一般に浸透していて，より伝わりやすい用語
だと思います。

　以上のような理由から，本書においては，バーベルやダンベルなどの重量
（＝ウエイト）を中心とした抵抗を外的負荷として用いてアスリートの身体
に刺激を与え，体力の向上を図る目的で実施する活動のことを「ウエイトト
レーニング」と呼ぶことにします。

3

アスリートが
ウエイトトレーニングを
するべき理由

　そもそもアスリートがウエイトトレーニングをするべき理由は何でしょうか。非常に単純で根源的な問いですが，あまりにも当たり前すぎるため，一度立ち止まって深く考えてみたことのある読者は意外と少ないかもしれません。

　S&Cコーチである私のように，トレーニング指導を生業としている専門家は，アスリートがウエイトトレーニングを実施するのは当たり前だと考えてしまいがちです。しかし，アスリートや競技コーチは，必ずしもそう考えている人ばかりではありません。とくに日本においては，アスリートが当たり前のようにウエイトトレーニングに取り組むことが，文化として根づいているとはいえないのが現状です。つまり，ウエイトトレーニングの必要性に対する認識には「ギャップ」が存在しているのです。

　だからこそ，私のようにトレーニングを指導する立場の専門家は，「なぜアスリートがウエイトトレーニングをするべきなのか」という問いに対して，しっかりと説明をして納得させられるだけの理屈を持っている必要があります。また，ウエイトトレーニングをやる側のアスリートも，「なぜアスリートがウエイトトレーニングをするべきなのか」を理解しておいたほうが，納得したうえで，積極的にウエイトトレーニングに取り組みやすいはずです。

まったく同じ内容のトレーニングを実施していても，嫌々やらされるのと，その意義を理解して積極的に取り組むのとでは，その効果は大きく変わってくるものです。

したがって，「アスリートがウエイトトレーニングをやるのは当たり前」というコンセンサスを醸成するためにも，また，実際にウエイトトレーニングの成果を競技力向上に繋げるためにも，アスリートがウエイトトレーニングをするべき理由について，一度深く考えてみることには大きな意義があります。

3-1 競技スポーツの目的は「勝つ」こと

では，改めて，そもそもアスリートがウエイトトレーニングをするべき理由は何でしょうか。身体を大きくするため？　筋力を向上させるため？　ケガを防ぐため？　高くジャンプできるようになるため？　速く走れるようになるため？　シックスパックをつくるため？　どれも間違いとはいいませんが，本質的な理由ではありません。むしろ，これらはウエイトトレーニングをする「理由」というよりも，ウエイトトレーニングを実施することで得られる「効果」といったほうが適切かもしれません。

では，**アスリートがウエイトトレーニングをするべき本質的な「理由」と**は何でしょうか。それは「**勝つ**」ためです。そもそも，競技スポーツの究極の目標は「勝つ」ことのはずです。であるならば，アスリートがウエイトトレーニングを実施する根本的な理由も，その究極の目標を達成するため，すなわち「勝つ」ためであるべきです。本書のタイトルに合わせるなら，「競技力を向上させるため」といい換えることもできるでしょう。

> ● アスリートがウエイトトレーニングをするべき理由は「勝つ」ため。

ただし，勘違いしないでください。ウエイトトレーニングを実施すれば誰

でも必ず勝てるようになる，と主張しているわけではありません。そんなに単純な話ではありません。たとえば，世の中のすべてのアスリートがウエイトトレーニングを実施するようになったとしても，必ず勝者と敗者は分かれるわけですから。そして，勝者よりも敗者のほうが，数は圧倒的に多いのですから。したがって，「アスリートがウエイトトレーニングをするべき理由は『勝つ』ためである」というのは，ウエイトトレーニングを実施すれば誰でも勝てるようになることを意味するものではありません。しかし，それでも，適切なウエイトトレーニングを実施して体力を向上させることができれば，「勝つ」確率を高めることができるのは間違いありません。

　また，アスリートがウエイトトレーニングをするべき理由は「勝つ」ためである，という点を明確に理解することができると，**ウエイトトレーニングそのものは「勝つ」という目的を達成するための手段**にすぎない，ということもすんなりと受け入れることができるはずです。

- 勝つことが「目的」。
- ウエイトトレーニングはそのための「手段」。

　この「目的」と「手段」を明確に分けて正しく認識しておくことが，非常に大切です。なぜなら，手段にすぎないはずのウエイトトレーニングがいつのまにか目的にすり替わってしまい，ウエイトトレーニングのやり方が間違った方向に進んでしまうことがあるからです。そして，その結果，ウエイトトレーニングをやっているにもかかわらずまったく勝てるようにならない，むしろパフォーマンスが低下してしまう，という失敗に繋がるケースが多いからです。私はこうした問題を「**手段の目的化**」と呼んでいます。たとえば，アスリートが自身の競技で「勝つ」ことを最終的な目的としてスクワットをやる場合の適切な動き方（フォーム）と，「できるだけ重い重量を持ち挙げる」という目的を達成するためにやるスクワットの適切な動き方（フォーム）は，異なります。目的によって，適切な手段は変わりうるのです。つまり，ウエ

イトトレーニングにおける適切な What や How は，Why によって規定されるということです。それにもかかわらず，本来の目的を見失ってしまい，手段であるはずのスクワットが目的化してしまうと，より重い重量を持ち挙げるための動き方（フォーム）やトレーニングプログラム（頻度，量，強度など）を追求してしまい，結果としてスクワットの挙上重量は向上したけど競技での勝ちには繋がらなかった，ということになりかねません。

　そのような経験をしたアスリートやS&C コーチが，「スクワットをやりこんで挙上重量が向上したにもかかわらず競技で勝つことに繋がらなかったということは，アスリートにとってスクワットは必要ないに違いない」と間違った解釈をしてしまい，スクワットを初めとするいわゆるベーシックなウエイトトレーニングをやめてまったく異なる方向に進んでしまうケースが少なからずあります。典型的にみられるのは，「ファンクショナルトレーニング」と呼ばれるような「動き」を過度に強調した手法や，トレーニングの動きを競技の動きに近づけるようなメソッド（誤った競技特異的トレーニング），そして「体幹トレーニング」のみに特化して他の部位のトレーニングは一切やらないような極端なアプローチに傾倒して，アンチ・（ベーシックな）ウエイトトレーニング派になってしまうパターンです。しかし，そのような場合においては，（ベーシックな）ウエイトトレーニングをやること自体が問題なのではなく，「手段の目的化」が問題なのです。つまり，そもそも「勝つ」ための手段の1つとして始めたウエイトトレーニングが，いつの間にか挙上重量を伸ばすことが目的にすり替わってしまったことで，そのやり方が本来の目的を達成するためには適切ではないものに変質してしまったことが根本的な原因です。であるならば，適切な解決策は，ウエイトトレーニングをやめてしまうことではなく，ウエイトトレーニングのやり方を，目的に則した形に戻すことであるはずです。

　このような「手段の目的化」という間違いをおかして，「勝つ」という目的から遠ざかってしまうのはもったいないですし，なんとしても避けたいところです。そのためにも Why の部分，つまり，アスリートがウエイトトレーニングをするべき理由を明確に理解しておくことが，適切な手段を選択す

るために，そして究極的には「勝つ」という目的を達成するためには非常に重要になります。

3-2　他のタイプのウエイトトレーニングとの違い

すでに明確に定義づけたように，本書で取り扱う「ウエイトトレーニング」は，アスリートがスポーツにおいて「勝つ」という目的を達成するための手段として実施するものを指します。その一方で，世の中には「勝つ」という目的を達成するための手段ではない，まったく異なるタイプのウエイトトレーニングも存在します。それらは，目的は異なるものの，バーベルやダンベルなどの同じ器具を使ったり，同じ名前のついたエクササイズを実施したりするため，勝つための手段として実施するウエイトトレーニングと混同されがちです。前述した「手段の目的化」という過ちを避けるためには，そのような他のタイプのウエイトトレーニングの存在や特徴についても把握したうえで，「アスリートが勝つための手段として実施するウエイトトレーニング」との違いを認識しておくことが大切です。

また，「まえがき」でも述べたように，ウエイトトレーニングに関連して発信される情報量は増えていますが，そのすべてが「アスリートが勝つための手段として実施するウエイトトレーニング」を念頭においたものではありません。さまざまなタイプのウエイトトレーニングに関する情報が混在しているのが現状です。その中から，自分に当てはまる情報を取捨選択して取り入れるためにも，まずは自身が実施しているウエイトトレーニングの目的を明確に理解したうえで，その他のタイプのウエイトトレーニングについても知識を持ち，その違いを認識しておくことが重要になります。

3-2-1　さまざまなタイプのウエイトトレーニング

一般的に「ウエイトトレーニング」と呼ばれる活動には，本書で取り扱っている「勝つこと」を目的としたもの以外にも，以下のようなものがあります。

① パワーリフティング
② ウエイトリフティング
③ ボディビルディング
④ ダイエット・健康維持増進

① パワーリフティング

　パワーリフティングは，スクワット・ベンチプレス・デッドリフトの３種目で合計挙上重量を競うスポーツです[79]。これら３つのエクササイズは，他の競技のアスリートが体力を向上させるための「手段」として実施するウエイトトレーニングにおいても頻繁に活用されますが，パワーリフティングでは，この３種目においてできるだけ高重量を挙上することが「目的」となります。

　見方によっては，パワーリフティングも「勝つ」ためにウエイトトレーニングを実施しているわけですが，筋力や柔軟性といった「体力」を向上させることで間接的に勝ちに繋げるための「手段」としてウエイトトレーニングを実施しているわけではなく，より直接的な「目的」としてバーベルを挙げている点が異なります。

② ウエイトリフティング

　ウエイトリフティングは，スナッチとクリーン＆ジャークの２種目で合

計挙上重量を競うスポーツです。パワーリフティングの種目と同様に，これら2種目やその派生種目は，他の競技のアスリートが体力を向上させるための「手段」として実施するウエイトトレーニングにおいても頻繁に活用されますが，ウエイトリフティングでは，この2種目において，できるだけ高重量を挙上することが「目的」となります。

パワーリフティングと同様，見方によっては，ウエイトリフティングも「勝つ」ためにウエイトトレーニングを実施しているわけですが，筋力や柔軟性といった「体力」を向上させることで間接的に勝ちに繋げるための「手段」としてウエイトトレーニングを実施しているわけではなく，より直接的な「目的」としてバーベルを挙げているのが大きな特徴です。

③ ボディビルディング

競技としてのボディビルディングは，日頃のトレーニングで鍛え上げた全身の筋肉の発達度，そのダイナミックさ，美しさ，またバランスなどを競い合う個人スポーツです。筋肉の大きさ（バルク）と形と明白さ（カット），鮮明さ（デフィニション），バランス（上下などの均斉），ポーズの流れ，表現法などが審査され，順位を競います[80]。近年では，審査基準やルールがボディビルディングとは異なるフィジークやベストボディといった他の種類のコンテストの人気も高まっています。

また，コンテストに出場をしなくても，見た目をよくすることを目的に実施するウエイトトレーニングは，ボディビルディングと同じカテゴリーに分類できるでしょう。

④ ダイエット・健康維持増進

アスリート以外の一般の人が，ダイエットや健康維持増進などを目的としてウエイトトレーニングを実施する場合があります。フィットネスジムに通っている人が行っているウエイトトレーニングの多くは，このカテゴリーに分類されるでしょう。

以前は，ダイエットや健康維持増進のためのトレーニングというと有酸素

運動を思い浮かべる人が多かったかもしれません。しかし，近年では健康に与えるウエイトトレーニングのポジティブな効果が知られるようになり，また，ウエイトトレーニングを中心に鍛えることで短期間でのダイエットを約束する大手プライベートジムがテレビ CM で有名になったり，24 時間利用可能な安価なフィットネスジムが増えてきたりした影響もあり，ダイエットや健康維持増進を目的としてウエイトトレーニングに取り組む人が増えてきた印象があります。

●● 3-2-2 他のタイプのウエイトトレーニングとの付き合い方

　以上のように，一言で「ウエイトトレーニング」といっても，目的に応じて，さまざまなタイプのものが存在します。そして，目的が異なれば，それを達成するための最適な手段もまた変わります。もし，アスリートとして「勝つ」ことを目的としてウエイトトレーニングに取り組むのであれば，その目的を達成するために適切なやり方を追求することが大切です。他のタイプのウエイトトレーニングと混同したり，他のタイプのウエイトトレーニングのやり方をそのまま導入したりするのは危険なので，十分な注意が必要です。

　ただし，ここで 1 つだけ，誤解を招かないように言及しておきたいことがあります。それは，アスリートが「勝つ」ことを目的としてウエイトトレーニングを実施するのであれば，他のタイプのウエイトトレーニングをそのまま取り入れるのは危険であると警鐘を鳴らしましたが，だからといって他のタイプのウエイトトレーニングの存在意義を否定しているわけではないということです。たとえば，非アスリートが見た目をよくする目的でウエイトトレーニングを実施するのであれば，ボディビルディング的なウエイトトレーニングをやるのが最適かもしれません。あるいは，パワーリフティングやウエイトリフティングの大会に出場したいのであれば，それぞれの種目で挙上重量を増やすための練習をやるのが最適でしょう。つまり，目的に応じて最適な手段は変わりうるということです。したがって，たとえば，たまに目にする「ボディビルダーの筋肉は見せかけにすぎず，アスリートの競技力向上には役に立たない。使えない筋肉だ。」といった類の批判はまったくの的

外れです。そもそも，ボディビルディングは見せるための筋肉を作り上げることが目的であり，競技力向上のためにやっているわけではないのですから。それに，ボディビルディングのコンテストに出場してよい成績を挙げることが目的の場合は，むしろボディビルダーの筋肉のほうが「使える筋肉」であるともいえます。

　本書では，「勝つ」ことを目的として競技に取り組んでいるアスリートやその指導にあたる競技コーチ・S&Cコーチを読者として想定しているので，「勝つ」という目的を達成するための手段としてのウエイトトレーニングについて書いているだけです。他のタイプのウエイトトレーニングを否定したり貶めたりするような意図は一切ありません。

　また，アスリートが「勝つ」ことを目的としてウエイトトレーニングを実施する場合であっても，他のタイプのウエイトトレーニングのやり方を参考にしたり，一部を取り入れたりすることは十分可能です。たとえば，筋肉を太くして体重を増やしたい場合には，ボディビルディング的なメソッドが参考になるかもしれません。また，爆発的パワーを向上させたい場合には，ウエイトリフティング関連エクササイズを取り入れることが有効かもしれません。

　ただし，他のタイプのウエイトトレーニングのやり方をそのまま取り入れるだけでは，うまく行かない恐れがあります。たとえば，ボディビルダーは「分割法」あるいは「スプリット・ルーティン」といって，全身を部位別に4〜5分割して，それぞれの部位を週に1回だけ鍛えるやり方を採用している場合が多くみられます。脚だけを鍛える日，胸だけを鍛える日，背中だけを鍛える日，という形です。そして，それぞれの日には，ターゲット部位を鍛えるエクササイズを複数種目実施して，徹底的に追い込みます。しかし，これをアスリートがそのまま取り入れると，たとえば脚だけを鍛える日の翌日は，下半身の疲労や筋肉痛がひどくなり，競技の練習がまったくできないなんてことも想定できます。また，そこまでひどい状態にはならなかったとしても，全身のうち1部位だけが他の部位と比べて極度に疲労している状態では，全身を連動させて身体を動かすような技術を身につけるのは難しく

なってしまうでしょう。

　また，パワーリフティングにおいては，できるだけ重いバーベルを挙上するのが目的なので，ルールの範囲内で可動域をできるだけ狭くしたほうが有利になります。ルールで定められた基準を満たしつつ，いかにして可動域を狭くするかは，ある意味パワーリフティングという競技で勝つための技術であるといえるでしょう。しかし，他の競技のアスリートが「勝つ」ことを目指してウエイトトレーニングを取り入れる場合，意図的に可動域を制限せずに，できるだけ大きな可動域を用いてトレーニングをしたほうが，柔軟性の向上や大きな可動域での筋力向上という点ではメリットが大きい場合があるかもしれません。

　したがって，一般のアスリートが他のタイプのウエイトトレーニングを参考にする場合には，そのまま取り入れるのではなく，エッセンスだけを抽出して，アスリートが「勝つ」ために実施するウエイトトレーニングのシステムに合うような形にアレンジしてから取り入れる作業が必要になります。たとえば，ボディビルダーが実施しているウエイトトレーニングにおいて，どの要素が筋肉を太くするために重要なのかを見極めて，それをアスリートが「勝つ」ことを目的として実施するウエイトトレーニングの枠組みの中に，いかにしてフィットさせることができるかを考えて工夫する必要があるのです。それがうまくできるのであれば，他のタイプのウエイトトレーニングを参考にすればよいし，うまくできないのであれば，無理に取り入れないほうがよいでしょう。

3-3　練習だけで勝てるなら，ウエイトトレーニングをする必要はない

　アスリートがウエイトトレーニングをするべき理由は「勝つ」ためである。そう説明をしても，「勝つためには練習だけで十分だ」と考えて，ウエイトトレーニングを積極的に取り入れようとしないアスリートや競技コーチもいます。そのような考え方を持っている方々の典型的ないい分としては，「練

習をしていれば競技に必要な体力はつく」「トレーニングで体力を向上させて勝つのは邪道だ（技術を極めることに美学を感じている）」「競技が好きでやっているのだから，競技とは関係のないキツいトレーニングなんてやりたくない」といったものがあります。

　先述したように，競技スポーツにおいては「勝つ」ことが究極の目標なので，練習だけをやっていて勝てるのであれば，あえてウエイトトレーニングをする必要はありません。すでに説明したとおり，ウエイトトレーニングはあくまでも目的を達成するための「手段」にすぎないのですから。

　その点を理解できていれば，「練習だけで勝てるなら，ウエイトトレーニングをする必要はない」という考え方も，理屈としては受け入れることができるはずです。

● 練習だけで勝てるなら，ウエイトトレーニングをする必要はない。

　極論かもしれませんが，「勝つ」という目的を達成するために「練習」という手段だけで事足りるのであれば，練習だけをやっていればいいはずです。あえて，ウエイトトレーニングをやる必要はありません。この考え方は，大前提としてまずは押さえておくべきです。

　競技力を向上させるためのウエイトトレーニングに興味があって本書を手にとっていただいた読者からすると，この考え方は感情的に受け入れがたいものがあるかもしれません。「そんなはずはない！　アスリートはウエイトトレーニングをしないとダメだ！」と思われるかもしれません。お気持ちはわかります。私だって，「アスリートがウエイトトレーニングをやる必要はない」と考えているわけではありません。もしそう考えているなら，そもそも本書を執筆なんてしていませんから。しかし，もし深く考えることなく「アスリートはウエイトトレーニングをしないとダメだ」と決めつけてしまっているとしたら，目的と手段がすり替わってしまっている可能性があります(＝手段の目的化)。注意が必要です。「勝つ」という目的を達成するための手段

としてウエイトトレーニングを適切に活用したいのであれば、「練習だけで勝てるなら、ウエイトトレーニングをする必要はない」という考え方は、大前提としていったん受け入れなければなりません。どれほど感情的に難しくても。

　「練習だけで勝てるなら、ウエイトトレーニングをする必要はない」という大前提の考え方を受け入れることができたら、次に考えるべきなのは、「本当に練習だけで勝てるのか？」という点です。実際のところ、ウエイトトレーニングを一切しなくても、練習をしているだけで勝ててしまうアスリートは存在します。いわゆる「天才」と呼ばれるようなアスリートや、生まれつき身体能力（＝体力）が高いアスリートです。各競技でスーパースターとして活躍しているようなアスリートたちがそれにあたります。彼ら・彼女らは、ウエイトトレーニングをしなくても競技に必要な体力が生まれつき十分に備わっていたり、体力が他のアスリートより劣っていたとしても、それを補って余りあるほどのずば抜けた技術や判断力を持っていたりするので、練習をするだけでも勝ててしまいます。競技スポーツの目的が「勝つ」ことなのであれば、そのようなスーパースターがウエイトトレーニングをする必要はありません。目的は十分に達成できてしまっているのですから。

　しかし、そんなスーパースターはほんの一握りにすぎません。数としては、全アスリートの中で0.01％にも満たないでしょう。残りの99.99％以上のアスリートは、練習をするだけで勝つことは難しいので、勝つチャンスを少しでも高めるためにウエイトトレーニングに取り組む必要があります。そして、後ほど詳しく説明をしますが、アスリートが適切なやり方でウエイトトレーニングに取り組みさえすれば、体力向上を通してさまざまな恩恵を受けることができるので、勝つ確率を高めることができるのは間違いありません。

　また、練習をするだけで勝ててしまうようなスーパースターであっても、適切なウエイトトレーニングを導入すれば、他のアスリートと同じように多くのメリットを享受することができます。勝つ確率をさらに高めるため、そして、できるだけケガをしづらい身体を作って、1年でも長く健康に現役生活を続けるためにも、ぜひともスーパースターにもウエイトトレーニングに

トラやライオンはウエイトトレーニングしない！？

　ウエイトトレーニング業界で話題になった野球のイチロー選手の発言があります。

「トラとかライオンはウエイトトレーニングしない」

　イチロー選手は「身体を大きくするようなウエイトトレーニング」に否定的なようで，筋肉を太くして体重を増やしすぎると，本来自分が持っている身体のバランスが崩れてパフォーマンスに悪影響を与える旨の発言をされています。そうした主張をわかりやすく説明するために，トラやライオンを使ったたとえ話をされたのだと思います。「トラやライオンはウエイトトレーニングなんてやらなくても強いだろう」ということなのでしょう。

　テレビ番組のインタビューで，そのようなイチロー選手の発言について尋ねられたダルビッシュ選手の反応がとても参考になるので，紹介します。

- 昔は野球選手もウエイトトレーニングをしなかったから，トラやライオン（＝生まれつき身体能力が高い野球選手のたとえ）が生き残って，シマウマ（＝生まれつき身体能力が低い野球選手のたとえ）は生き残れなかった。
- 今はシマウマがウエイトトレーニングを始めて，トラやライオンよりも強くなっている。
- だから，トラやライオンもウエイトトレーニングをしないといけなくなってきた。
- イチロー選手は頭のいいライオンだから，ウエイトトレーニングをしなくても生き残って多くの餌をとってこられた。

　このような説明の仕方であれば，イチロー選手の理論は否定しないように配慮しつつ，ウエイトトレーニングの必要性もわかりやすく伝えることができます。さらにいうと，なぜウエイトトレーニングに否定的で実践していないイチロー選手があれだけ活躍できたのかも，上手に説明できています。イチロー選手は特別な存在（頭のいいライオン）であり，それと同じことをやっていても大多数の一般のアスリート（シマウマ）が同じように活躍できる可能性は低いでしょう。すべてのアスリートが生まれつき強いトラやライオンではありません。したがって，シマウマが勝つようになるためには，ウエイトトレーニングは必須です。また，生まれつき強いトラやライオンであっても，ウエイトトレーニングをしてさらに強くなることは可能です。結局のところ，ウエイトトレーニングに取り組むことは，すべてのアスリートにとってメリットがあるのです。

取り組んでいただきたいものです。ウエイトトレーニングをしなくても勝ててしまうため，その必要性を感じることが難しいかもしれませんが，そういうスーパースターがウエイトトレーニングにしっかりと取り組むようになれば，まさに鬼に金棒です。

3-4 練習だけではできないことを，練習から離れて，練習とは別に実施する

すでに説明したとおり，大前提の考え方として，練習だけで勝てるなら，トレーニングを実施する必要はありません。しかし，多くの場合，練習だけでは勝てないのが現実です。だからこそ，勝つ確率を少しでも高めるために，練習だけではできないことを，練習から一度離れて，練習とは別に実施する必要があるのです。それこそがトレーニングの役割です。

● 練習だけでは勝てないから，勝つ確率を少しでも高めるために，
　練習だけではできないことを，練習から一度離れて，
　練習とは別に実施するのがトレーニングの役割。

第1章において，練習とトレーニングは「主目的」が異なる別のものである，という話をしましたが，トレーニングの役割が「練習だけではできないことを，練習から一度離れて，練習とは別に実施する」ことにあると認識することができれば，「トレーニングにおいては練習とは別のことをすることにこそ意義がある」ということがよく理解できるはずです。トレーニングは練習とは違ってもいいのです。もし練習と同じことをやるのであれば，トレーニングなんてやらずに練習だけをやっていればいいのですから。そして，練習だけで勝てるのであれば，そもそもトレーニングなんてやる必要はないのですから。

また，第1章では，練習をする「主目的」は技術の向上ではあるものの，

練習をすることで「副次的効果」として体力が向上することもあると説明しました。しかし，ほとんどのアスリートにとって，練習の副次的効果として得られる体力向上だけでは，「勝つ」という目的を達成するには不十分です。「練習をしていれば競技に必要な体力はつく」というのは，多くの場合，幻想にすぎません。そこで，「練習だけでは足りない部分をトレーニングで補う」という考え方が必要になります。

　とくに重要なのが，練習とトレーニングで身体に与えられる刺激が重複しないように注意することです。練習においてはどのような刺激が身体に加わっていて，副次的効果としてどのような体力向上が期待されるのかを見極めたうえで，それを上回るような刺激や練習では得ることのできないタイプの刺激をトレーニングによって身体に与えることができれば，練習を補完するような形で効率よく体力を向上させることができます。たとえば，バレーボール選手にとって，ジャンプ力を高めることは勝ちに近づくための1つの方法です。もし，バレーボールの練習中にスパイクやブロックという動作をすることで，最大努力に近いジャンプを何度も繰り返しているのであれば，ウエイトトレーニングにおいて自体重でのジャンプ系エクササイズを実施したとしても，身体に与える刺激の種類が重複するため，練習による副次的効果以上のジャンプ力向上は期待できないかもしれません。むしろ，ウエイト

トレーニングにおいては，あえて自体重でのジャンプ系エクササイズはやらずに，それとはまったく違うこと（＝練習ではできないこと），たとえば高重量を用いてバックスクワットを実施して最大筋力を向上させるようなトレーニングをしたほうが，ジャンプ力の向上に貢献する可能性は高まるかもしれません。とくに，シーズン中など，トレーニングに割くことのできる時間やエネルギーが限られている場合には，練習や試合とトレーニングで身体に加わる刺激の種類が重複するのを避けて，練習や試合では与えることのできないような強さやタイプの刺激を補うように，トレーニングを計画することが大切です。これはとても小さな気遣いかもしれませんが，それが積み重なれば，勝つか負けるかの大きな差に繋がる可能性があります。そして，そのような気遣いをするためには，**練習だけではできないことを，練習から一度離れて，練習とは別に実施するのがトレーニングの役割である**，という考え方を理解しておくことが不可欠です。

　また，「効率」という観点以外にも，「練習だけではできないことを，練習から一度離れて，練習とは別に実施するのがトレーニングの役割である」と理解しておくことが重要な理由があります。それは，「ウエイトトレーニングを競技に近づける」という間違いを防ぐためです。そもそも，「なぜトレーニングをするべきなのか？」という根本的なところから考えていけば，トレーニングの本質は練習とは違うことをやるところにあると理解するのは容易なはずです。しかし近年では，「ウエイトトレーニングを競技に近づける」とか「練習そのものにウエイトトレーニングの要素を含める」といったアプローチこそが，あたかも最先端のトレーニング方法であるかのように発信されているのを目にする機会が増えました。たとえば，スクワットにおける足幅やしゃがむ深さを競技の動きに似せるとか，競技動作そのものにダンベルやゴムバンド，ケーブルマシンを使って外的な負荷をかけるとか。また，競技中はいつも安定した姿勢で力を発揮できるわけではなく，無理な体勢から力を発揮せざるをえない場面もあるから，それに備えるためにウエイトトレーニングにおいても無理な体勢でスクワットをやって鍛えておくべき，という危険な主張を目にしたこともあります。そのようなアプローチが，いかに

トレーニングの本質から外れていて，非効率的かつ場合によっては逆効果もしくは危険であるかは，本章で説明したような根本的な考え方を理解できていれば容易に気づくことができるはずです。つまり，練習だけで勝てるのであればトレーニングをする必要はないけれど，練習だけで勝てることはほとんどないので，勝つ確率を少しでも高めるために，練習ではできないことを，練習から一度離れて，練習とは別に実施するためにトレーニングを取り入れるわけです。それなのに，ウエイトトレーニングを競技に近づけるというのは，この考え方に完全に逆行しているのです。

この「ウエイトトレーニングを競技に近づける」というアプローチを，私は「誤った競技特異的トレーニング」と呼んでいますが，それがいかに危険で間違った考え方なのかは，第6章でも取り上げて詳しく解説をします。しかし，それに気づくためには，まずは本章で説明したような根本的な考え方を理解しておくことが不可欠なのです。

3-5 練習とは別にウエイトトレーニングを実施して達成できること

では，練習だけではできないけれど，あえて練習とは別にウエイトトレーニングを実施することで達成できることとは具体的に何なのでしょうか。それは，練習だけをやるよりも，ウエイトトレーニングを実施したほうが，「より健康的に」「より効率的に」「より高いレベルまで」「練習とは異なる形で」体力を向上させることができるということです。

> ● 練習だけをやるよりも，ウエイトトレーニングを実施したほうが
> ① より健康的に
> ② より効率的に
> ③ より高いレベルまで
> ④ 練習とは異なる形で
> 体力を向上させることができる。

① より健康的に

　私は 10 年以上アスリートに対してウエイトトレーニングを指導していますが, ウエイトトレーニング実施中にアスリートがケガをしてしまうことは非常に稀です。まったくないかといえばゼロではありませんが, 発生頻度は非常に低いです。私がトレーニング指導を担当しているアスリートがケガをしてしまうのは, ほとんどが競技の練習中か試合中です（場合によっては, 競技とはまったく関係ないプライベートの時間にケガをすることもありますが）。

　ウエイトトレーニングに否定的なイメージを持たれている方の多くは, 重いバーベルやダンベルを担いだり持ち上げたりしたら腰や膝や肩を痛めるのではないか, という漠然とした不安があるのかもしれません。しかし, サッカーやラグビー, クリケットなどの競技をプレーするのと比較すると, ウエイトトレーニングは単位時間あたりの傷害発生数が少ないと報告しているデータもあります [29, 38]。つまり, 一般的には, 競技の練習や試合をするよりも, ウエイトトレーニングをしているほうが安全なのです（もちろん, 競技によってケガのリスクは異なりますが）。したがって, 競技の練習だけを一生懸命やって体力向上を図るよりも, それとは別にウエイトトレーニングを実施したほうが, はるかに低いリスクで「より健康的に」体力を向上させることができるわけです。

　もちろん, ウエイトトレーニングのやり方次第ではケガのリスクが高まることもありえます。たとえば, 本章で説明した「手段の目的化」という過ちを犯して, 目的ができるだけ重い重量を挙げることにすり替わってしまった場合に, 腰を丸めたフォームでスクワットやデッドリフトを実施することを許容してしまえば, 腰を痛めるリスクは高まるかもしれません。また, 競技中に無理な体勢で力を発揮する能力を鍛えようとして, ウエイトトレーニングにおいても無理な体勢でスクワットなどを実施してしまうと（＝「誤った競技特異的トレーニング」を適用してしまうと）ケガのリスクは高まるでしょう。さらには, たとえば「10 セット ×10 レップ」のように量が異常に多いプログラムを計画したり, トレーニング量を急激に増やしてしまったりす

ると，疲労が過剰に蓄積してしまい，結果としてケガのリスクが高まることもあるでしょう。したがって，練習とは別にウエイトトレーニングを実施して「より健康的に」体力を向上させるためには，身体に負担の少ない健康的な動き方（＝フォーム）でウエイトトレーニングを実施することや，適切なトレーニングプログラムを計画することが大前提となります。なんでもかんでもウエイトトレーニングは安全だ，というわけではありません。

しかし，適切なやり方でウエイトトレーニングを実施することさえできれば，競技の練習をするよりもケガのリスクを低く抑えて「より健康的に」体力を向上させることができるのは間違いありません。それこそが，あえて練習とは別にウエイトトレーニングを実施することのメリットの1つです。

② より効率的に

練習だけを実施するよりも効率よく体力を向上させることができるというのも，練習とは別にウエイトトレーニングを実施することで得られるメリットの1つです。

たとえば，ラグビー選手が筋力を向上させようとした場合，ウエイトトレーニングを一切しなくても，練習だけを一生懸命やって，食事をしっかりととっていれば，筋力は向上するはずです。とくに，年齢が若いアスリートやまだ筋力が弱いアスリートの場合，筋力向上の伸びしろが大きく残されてい

るはずなので，ラグビーの練習だけでも身体にとって十分な刺激となり，筋力が向上するような適応が起こる可能性は高いでしょう。いわゆる，練習をすることの「副次的効果」だけでも筋力は向上しうるということです。とくにラグビーの場合，競技の動きの中で大きな力を発揮する場面が比較的多いので（スクラム，モールなど），筋力を向上させるために必要な刺激を身体が受ける機会も多く，ラグビーをプレーしているだけでも筋力向上が起こりやすいはずです。

　しかし，練習とは別にウエイトトレーニングを実施すれば，練習の「副次的効果」として得られるのと同じだけの筋力向上効果を，より短期間で，あるいはより少ない時間投資で達成することができます。たとえば，ラグビーの練習だけをしていたら筋力を 10% 向上させるのに 6 ヵ月かかるところを，ウエイトトレーニングを取り入れたら 3 ヵ月で達成できるとか（＝より短期間で），あるいは，ラグビーの練習を 1 回あたり 3 時間，週に 5 回（計 15 時間/週）実施することで得られるのと同じだけの筋力向上効果を，ウエイトトレーニングであれば 1 回あたり 1.5 時間，週に 2 回（計 3 時間/週）実施するだけで得られてしまうとか（＝より少ない時間投資で）があります。

　つまり，ウエイトトレーニングは時間効率がよいのです。アスリートが現役として競技を続けることのできる期間は限られています。そして，1 日あるいは 1 週間の中で練習やトレーニングに費やすことのできる時間も限られています。そうであるならば，より効率的に体力を向上させることができるウエイトトレーニングを活用しない手はありません。とくに，フルタイムで競技に専念できるような一握りのトップレベルのアスリート以外の多くのアスリートにとっては，この「時間効率のよさ」というのは非常に重要な要素のはずです。

　読者の中には，「練習だけをやっていて技術も体力も同時に鍛えることができるのであれば，そちらのほうが，練習にプラスしてウエイトトレーニングをやるよりも効率がよいのでは？」と思われる方もいるかもしれません。たしかに，そもそも体力レベルが低いアスリートの場合，技術を向上させようとして練習に集中するだけでも，副次的効果として体力がある程度は

向上する可能性があるので，ある意味，効率がよいのかもしれません。しかし，ある程度体力が向上してくると，技術を高めるために練習をすることで得られる副次的効果だけでは，それ以上体力を向上させることが難しくなってきます。そうなった時に，たとえば練習の枠組みの中だけでさらに体力を向上させようとして，「練習そのものにウエイトトレーニングの要素を含める」という方向性で練習内容を変えてしまうと（＝誤った競技特異的トレーニング），練習による技術向上効果が下がってしまう恐れがあり，その一方で，体力向上効果も，練習とは別にウエイトトレーニグに取り組む場合と比べると，ずっと低いはずです。結果として，技術向上効果も体力向上効果も中途半端で，どっちつかずの代物になってしまいかねません。やはり，練習とは別にウエイトトレーニングを取り入れて効率よく体力を向上させるほうがメリットは大きいでしょう。

③ より高いレベルまで

すでに述べたように，練習だけを一生懸命やっていても，「副次的効果」として体力を向上させることは可能です。しかし，練習だけで向上させることのできる体力レベルには限界があります。

たとえば，前述のラグビー選手の例でいうと，ラグビーの練習だけを一生懸命やってご飯をたくさん食べていれば，ある程度は身体が大きくなって筋力も向上するでしょう。しかし，あくまでも「ある程度」まででしかありません。その「ある程度」のレベルに到達した後に，それを超えてさらに体力を向上させたいのであれば，ラグビーの練習をしているだけで得られる刺激を超えるようなレベルの刺激を身体に与えてあげる必要があります。つまり，体力が向上するのに合わせて，身体に与える外的な刺激も徐々に強くしていかないと，継続して体力を向上させることは難しいのです。この考え方は「**漸進性過負荷の原則**」と呼ばれるもので，第6章でさらに詳しく解説をします。

要するに，ラグビーの練習をするだけで身体に加えることのできる刺激の大きさには限界があるので，その刺激に適応して向上させることができる体力レベルにも限界があるということです。練習とは別にウエイトトレーニン

グも実施したほうが，体力が向上するのに合わせてより強い刺激を身体に与え続けることができるので（＝「漸進性過負荷の原則」を適用することができるので），ラグビーの練習だけをするよりもはるかに身体も大きくなるはずだし，筋力向上効果も比べ物にならないでしょう。

　つまり，体力という観点で考えると，練習だけをするよりもウエイトトレーニングを活用したほうが，はるかに高いレベルに到達できるということです。練習をするだけでその副次的効果として向上させることが可能な体力レベルを超えて，「より高いレベルまで」体力を向上させることができるのです。

④ 練習とは異なる形で

　上記①～③で説明したのは，「練習だけをやっていても副次的効果として体力を向上させることは可能だけれど，安全性・効率・効果の大きさという点でウエイトトレーニングに軍配が上がる」ということでした。それに加えて，ウエイトトレーニングには，そもそも**練習では得ることのできないタイプの体力向上効果を得ることができる**，というメリットもあります。

　たとえば，特定の動きで主に使われる筋肉のことを「**主働筋**」と呼びますが，競技の練習をやっていて，その副次的効果として主に鍛えられるのはこの主働筋です。それ以外の，競技の動きの中では使われない筋肉がトレーニング刺激を受けることはないので，練習の副次的効果として，それらの筋肉の筋力が向上することは基本的にありません。競技の動きで使われる主働筋が刺激を受けて強くなるというのは，見方によっては，競技中に身体が受けたストレスに対して特異的な適応が起こっているわけなので，好ましいことだと考えることもできます。しかし，競技の練習だけをすることで主働筋ばかりが強くなり，たとえば主働筋とは逆の働きをする「**拮抗筋**」が弱いままだと，**主働筋と拮抗筋の筋力バランス**が崩れてしまいます。この筋力バランスの崩れが小さいうちは大きな問題はないかもしれませんが，拮抗筋が弱いままで主働筋がどんどん強くなり，筋力バランスの崩れが過度に大きくなってしまうと，ケガのリスクが高まる恐れがあります[17]。

　そうしたケガのリスクを下げるために，練習の副次的効果だけではあまり

強化されることのない拮抗筋をウエイトトレーニングで鍛えておくことには，大きなメリットがあると考えられます。これは，競技の練習をするだけでは得ることのできないメリットであり，まさに「練習だけではできないことを，練習から一度離れて，練習とは別に実施する」というウエイトトレーニングの役割でもあります。

　また，練習をするだけでも副次的効果としてある程度鍛えることができる主働筋であっても，その筋力向上効果は，競技の動きの中で使われる可動域内に限定されてしまうはずです。たとえば，長距離ランナーの股関節の動きに注目してみると，競技中に使われる可動域はとても狭いことがわかります。この狭い可動域を使って長時間走り込むような練習をすると，たとえ副次的効果として筋力が向上したとしても，それは競技中に使われる狭い可動域内に限定されてしまうはずです。競技中に使われることのない，より大きな可動域における筋力が向上する可能性は極めて低いでしょう。

　「競技中はこれ以上の可動域は使われていないのだから，競技中に使われる可動域内での筋力さえ向上すれば問題ないのでは？」と思われる読者もいるかもしれません。しかし，本当に競技中に使われている可動域が，その動きのパフォーマンスを最大化するために最適な可動域なのでしょうか。長距離ランナーの例でいうと，もしかしたら，もっと広い股関節の可動域を使って走ったほうが，ストライド（1歩の長さ）が伸びて走スピードを向上させ

ることができるかもしれません〔走スピードは「ストライド×ピッチ（脚の回転の速さ）」で決まります〕。しかし，たとえば股関節の大きな可動域での筋力が不足している場合，無理をして可動域を広げて走ろうとすると，ピッチが極度に低下して逆に走スピードが遅くなってしまうため，それを脳が判断して，現状の可動域に留めているのかもしれません。そういうケースであれば，練習とは別に大きな可動域を使ってウエイトトレーニングを実施して，股関節周りのより大きな可動域での筋力を向上させてあげることができれば，ピッチを低下させることなくストライドを伸ばすことに成功して，パフォーマンス向上に繋がる可能性は高まるでしょう。これは，練習だけを実施してひたすら走り込んでいるだけでは得ることのできないメリットです。

　さらには，可動域という観点だけでなく，競技動作中に主に使われる筋肉（主働筋）についても，現状の動きがそのパフォーマンスを最大化するために最適なものになっているのかという問題があります。たとえば，「まっすぐ走っている状態から減速をして止まる」というムーブメントスキルの指導をしていると，多くのアスリートが「膝関節主導の動き」になっていることに気がつきます。具体的には，足裏のつま先側から接地し，主に大腿四頭筋が力を発揮してブレーキをかけるような動きです。そのような「膝関節主導の動き」だと減速に時間がかかってしまうし，さらには膝・脛・足首などへの負担が大きく，痛みやケガにも繋がりかねません。そこで，私はアスリートの減速動作を「股関節主導の動き」に改善するよう指導をしています。具体的には，股関節を後ろに引いた姿勢で足裏の少し踵側から接地し，主に殿部の筋肉やハムストリングを使ってブレーキをかけるような動きです。こちらの動きのほうが，減速動作のパフォーマンスが向上し，ケガのリスクも低くできると私は考えています。しかし，「股関節主導の動き」を説明したうえで，そのような動きで減速するよう指示をしても，なかなか「膝関節主導の動き」から抜け出せないアスリートもいます。そういうアスリートは，大腿四頭筋の発達が顕著な一方で殿部やハムストリングの筋力や柔軟性が乏しく，減速動作に限らず他の動作においても「膝関節主導の動き」になりがちな傾向があります。おそらく，そのようなアスリートにとっては，減速をす

るという目の前のタスクをこなすことだけを考えたら，大腿四頭筋の筋力に頼った「膝関節主導の動き」をしたほうが楽だし自然なのでしょう。では，そのようなアスリートが競技の練習だけをしていて，減速動作の改善を図ることができるでしょうか。おそらく無理でしょう。完全に不可能だとまではいいませんが，とても難しいと思います。そこで，「練習だけではできないことを，練習から一度離れて，練習とは別に実施する」ウエイトトレーニングの出番です。ウエイトトレーニングを実施して殿部とハムストリングの筋力や柔軟性を向上させることができれば，「股関節主導の動き」を使って減速動作を実施できるようになる可能性が高まります。もちろん，殿部とハムストリングの筋力や柔軟性が向上すれば，自動的に減速動作も改善されるわけではありません。ウエイトトレーニングと並行して，「股関節主導の動き」を意識した練習を積み重ねる必要があるのはいうまでもありません。第1章で技術と体力の違いについて説明した時にも述べたように，「特定の技術を習得しようと思った時に，十分な量と質の練習さえ実施すれば，その技術を身につけることができるだけの体力的な準備をしておいてあげるのが，トレーニングの役割である」ということです。

4
トレーニングは競技力向上にどのように貢献できるか

　第3章では，アスリートがトレーニングをするべき理由は「勝つ」ためであり，トレーニングは「勝つ」という目的を達成するための手段であると説明しました。また，練習だけではなく，ウエイトトレーニングも実施することで，「より健康的に・より効率的に・より高いレベルまで・練習とは異なる形で」体力を向上させることができることも述べました。

　本章では，なぜトレーニングという手段を用いて体力を向上させることが必要なのか，そして，それがどのようにして「勝つ」という目的の達成に貢献できるのか，について解説をしていきます。

　最初に答えをいってしまうと，トレーニングを実施して体力を向上させると，「アスリートとしてのポテンシャルを広げる」「ケガをしづらい身体づくり」という2つのルートで競技力向上に貢献することができます。

● トレーニングを実施して体力を向上させると
　① アスリートとしてのポテンシャルを広げる
　② ケガをしづらい身体づくり
の2つのルートで競技力向上に貢献できる。

4-1 アスリートとしてのポテンシャルを広げる

　意図を持って工夫をしながら練習に取り組めば，「現在自分が持っている体力を最大限に活かして競技の動きを実施する能力」は磨かれていきます。この作業は非常に重要です。練習をしないでスポーツがうまくなるはずがありません。しかし，練習だけしかやらないと，「現在自分が持っている体力」という枠組みの中で，自分が持っているポテンシャルをいかに上手に運用するか，という能力を向上させることしかできません。「現在自分が持っている体力」を超えるような体力レベルが必要とされる技術を習得するためには，練習をひたすら繰り返すだけでは不十分です。これは，第1章において，ジャンプからの着地時の knee-in 動作の修正や，4回転ジャンプの習得を目指すフィギュアスケーター，3ポイントシュートをワンハンドで決めたい女子バスケットボール選手などを例に挙げて説明したとおりです。**その動きを行うのに必要な体力レベルに達していない場合，どれだけ練習をしてもできるようにならない**ことがあるのです。したがって，「現在自分が持っている体力」を最大限に活かして競技の動きを実施する能力を磨く作業（＝練習）に加えて，トレーニングを実施して「現在自分が持っている体力」という枠組み自体を広げてあげることができれば，アスリートとしてのポテンシャルを広げることにつながるはずです。

　ここで，トレーニングによる体力強化が「競技力を向上させる」と直接的ないい方をせずに，「ポテンシャルを広げる」という少し遠回しな表現を使っているのが気になった読者もいるはずです。本来であれば，「トレーニングを実施して体力が向上すれば競技力も向上します！」といい切りたいところです。そのように断定してしまったほうがメッセージとしても力強く聞こえるし，説得力も増すことでしょう。実際，ストレングス＆コンディショニングの教育団体である NSCA（National Strength and Conditioning Association）などでは，ウエイトトレーニングを含むストレングス＆コンディショニングの役割の1つを「パフォーマンス向上」としており，より直接的な表現を使って説明しています。しかし，本書ではそのような直接的

な表現は使わず，あえて「ポテンシャルを広げる」といういい方をしています。なぜなら，トレーニングを実施して体力を向上させることが，必ずしも競技力向上に直結するわけではないからです。そして場合によっては，トレーニングによる体力の向上が，逆に競技力を低下させてしまう恐れすらあるからです。

　少し思い出してみてください。第1章において，「技術と体力はまったくの別物か？」について解説しましたが，そこでは，トレーニングを実施して体力が向上する（変化する）と，パフォーマンスを最大化するために最適な技術も変わるので，「向上した体力を活かすためには，新たに最適な技術を（練習によって）身につけ直す必要がある」と述べました。ゴルフ選手の筋力が向上して飛距離が伸びたとしても，短い距離のショットをコントロールする感覚が狂ったままでは，逆に成績が低下してしまう恐れがあるという例で説明したとおりです。つまり，体力と競技力は単純な比例関係ではないのです。だからこそ，短絡的な思考回路に陥らないためにも，トレーニングによる体力強化が「競技力を向上させる」という直接的ないい方をせずに，「ポテンシャルを広げる」という少し遠回しな表現を使っているわけです。少し面倒くさいと思われるかもしれませんが，トレーニングによってできることとできないことを区別して把握したうえで，競技力向上に結びつける可能性を高めるためには，このことを理解しておくことが必要です。

　トレーニングによる体力向上が競技力向上に直結するわけではないということが理解できたら，次に考えるべきなのは「どうしたら，トレーニングによる体力向上を競技力向上に結びつけることができるのか？」ということです。トレーニングによる体力向上が競技力向上に直結しないということは，その2つを結びつけるために，その間に（少なくとも）もう1ステップが必要になることを意味しています。具体的には，トレーニングによって向上した（変化した）体力を使いこなすため，新たに最適な技術を身につけ直すという作業が，このもう1ステップにあたります。本書では，このもう1ステップのことを「**トレーニング効果の転移**」と呼びます。

コンピューターシミュレーション研究
ー筋力の向上と垂直跳びパフォーマンスー

本文で説明した「トレーニングを実施して体力を向上させても競技力向上に直結するわけではなく，体力の変化に対応して技術を調整することができなければ逆に競技力低下に繋がりうるが，技術の調整（＝トレーニング効果の転移）さえうまくできれば，競技力向上に貢献できる」という考え方の妥当性を支持する面白い研究があるので紹介します[6]。

研究プロトコル

この研究では，反動なしの垂直跳び（スクワットジャンプ）のパフォーマンスに対して，「筋力」と「（神経筋システムの）コントロール」という2つの要因がどのように貢献するかを，コンピューターシミュレーションを用いて調べました。後者の「コントロール」は，どの筋肉をどのタイミングで発火*させるかということで，一般的には「技術」とか「コーディネーション」とか呼ばれているものに相当します。

まず，**図コラム2**のような筋骨格モデルがコンピューター上で作成されました。この筋骨格モデルは4つの身体部位と6つの筋肉からできており，各筋肉の特徴は筋肉の長さ・筋力・速度等により規定されています。

---

* 「**発火**」とは，脳から神経を通して筋肉に電気信号を送り，「筋肉を動かせ」あるいは「力を入れろ」と命令することを指します。

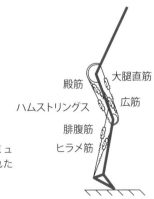

殿筋
大腿直筋
ハムストリングス
広筋
腓腹筋
ヒラメ筋

図コラム2
コンピューターシミュレーションに使われた
筋骨格モデル
（文献6より引用）

この筋骨格モデルの妥当性については，実際にバレーボール選手がスクワットジャンプをしている際のキネマティクス・床反力・筋電図といったデータを記録して，コンピューター上でこの筋骨格モデルにスクワットジャンプをさせた場合と比較して検証されています。両者の動態が近いことから，この筋骨格モデルは人間が実際にスクワットジャンプをしている様子を十分シミュレートすることが可能である，と筆者は述べています。

この筋骨格モデルの妥当性が検証されたうえで，この筋骨格モデルを用いて以下の 3 つのシミュレーション実験が実施されました。

実験 A

まず，この筋骨格モデルを利用して，各筋肉の発火タイミング（「input（入力）」と呼びます）を色々と変化させながら，最大のジャンプ高が得られる最適な input が決定されました。

実際の人間に当てはめて考えてみると，現在持っている筋力を使って最大限のジャンプができるように練習をしつくして，最適な技術またはコーディネーションを手に入れた状態に相当します。

実験 B

続いて実験 B では，実験 A で得られた最適な input は変えずに，筋骨格モデルにおける筋力の値だけを変化させた場合にジャンプ高がどう変化するかが調べられました。

膝伸展筋群のみの筋力を 5%，10%，20%増やした場合，ジャンプ高はそれぞれ 0.017 m，0.065 m，0.090 m 低下しました。また，筋骨格モデルのすべての筋肉の筋力を 5%，10%，20%ずつ増やした場合，ジャンプ高はそれぞれ 0.001 m，0.033 m，0.020 m 低下しました。

これを実際の人間に当てはめて考えてみると，ウエイトトレーニングを実施して筋力を向上させたら，ジャンプ高が低下したことを意味します。たまに耳にする「ウエイトトレーニングをやって筋力は向上したけれど，パフォーマンスは落ちた」というのはまさにこの状態に当てはまります。つまり，筋力が向上しても，input，すなわち身体の動かし方（＝技術）が変わらなければ，パフォーマンス向上に繋がらないどころか，逆にパフォーマンスが低下してしまう場合があるのです。

実験 C

　最後に実験 C では，実験 B で筋力の値を向上させた筋骨格モデルを用いて，ジャンプ高を最大にする最適な input が新たに計算し直されました。

　この新たに決定された input を用いて筋骨格モデルにスクワットジャンプをさせたところ，膝伸展筋群のみの筋力を 5％，10％，20％増やした場合，ジャンプ高はそれぞれ 0.008 m，0.012 m，0.030 m 向上しました。同様に，すべての筋肉の筋力を 5％，10％，20％ずつ増やした場合には，ジャンプ高はそれぞれ 0.019 m，0.039 m，0.078 m 向上しました。

　これを実際の人間に当てはめて考えてみると，ウエイトトレーニングを実施して筋力を向上させたうえで，その向上した筋力をうまく使いこなせるようにジャンプ動作を繰り返し練習して技術を最適化し直したら，パフォーマンス向上に結びついた，ということを意味します。

まとめ

　ここで紹介した研究は，あくまでもコンピューターシミュレーション上での結果にすぎません。ジャンプという動きをかなりシンプルなモデルで表現しており，筋肉の動態なども実際の人間と比べるとかなりシンプルなものになっています。したがって，この研究結果が必ずしも実際の人間にそのまま当てはまるとは限りませんし，ジャンプ以外のもっと複雑な動作にも応用できるかどうかは不明です。しかし，実際の人間を対象者にして研究をする場合，「体力」と「技術」という 2 つの要因を完全に分離して，それぞれがパフォーマンスに及ぼす影響を別々に調べることは難しいので，このシミュレーション研究は非常に意義があると考えられます。

　今回紹介した研究結果を実際の人間のウエイトトレーニングとパフォーマンスの関係に置き換えて考えてみると，以下のようなことが示唆されます。

● ウエイトトレーニングによって筋力が向上しても，それに伴い技術を調節できなければ（つまり「トレーニング効果の転移」がうまくいかなければ），パフォーマンスは向上しないどころか低下する恐れがある。

● 技術を練習などで調節できれば，ウエイトトレーニングによる筋力の向上に伴いパフォーマンスも向上させることが可能である。

これらの概念を最もよく表わしている論文中の一文を引用して紹介します。「 … in a training program aimed at improving jumping achievement, muscle training exercises should be accompanied by exercises in which the athletes may practice with their changed muscle properties.〔ジャンプ力の向上を目的としたトレーニングプログラムには，筋肉を鍛えるエクササイズに加えて，向上した（変化した）筋肉を使いこなすための動作練習も含める必要がある）」

この研究結果は，トレーニングによる体力向上が即座に競技力向上に繋がるわけではなく，「トレーニング効果の転移」というもう１ステップがあって初めて競技力向上が実現されるという考え方を支持するエビデンスの１つとして捉えることができます。逆にいうと，トレーニングを実施して体力が向上しても，競技力向上に繋がらないどころか低下してしまうリスクがあることも示唆しているので，指導者やアスリートは気をつける必要があると改めて感じます。

● トレーニングによる体力向上を競技力向上に結びつけるためには，「トレーニング効果の転移」というもう１ステップが必要。

つまり，トレーニングを競技力向上に結びつけることができるかどうかは，第一に，体力の向上がしっかりとできるかどうか（＝ポテンシャルを広げることができるかどうか），そして第二に，トレーニング効果の転移をしっかりと実現できるかどうか（＝広がったポテンシャルを使いこなすことができるかどうか），の２点にかかっているということです。

このような一連の流れが理解できると，考え方の幅が広がります。たとえば，トレーニングに一生懸命に取り組んだにもかかわらず競技力向上という結果に繋がらなかった場合，そもそもトレーニングのやり方に問題があって体力が向上しなかったという可能性に加えて，トレーニングには問題がなく体力はしっかりと向上したにもかかわらず，それを使いこなせるようになる

ための「トレーニング効果の転移」がうまくいっていない，という別の可能性にも気づくことができるようになるのです。

　逆に，このトレーニング効果の転移というステップを飛ばして，トレーニング効果を競技力向上に直結させようと考えてしまうのはとても危険です。なぜなら，そのような考え方は，「トレーニングを競技に近づけていく」とか「練習そのものにウエイトトレーニングの要素を含める」といったアプローチ，つまり「誤った競技特異的トレーニング」に繋がりかねないからです。そのようなアプローチがいかにトレーニングの本質から外れていて，非効率かつ場合によっては逆効果もしくは危険であるかは，第３章で説明したとおりです。つまり，練習だけで勝てるのであればトレーニングをする必要はないけれど，練習だけで勝てることはほとんどないので，勝つ確率を少しでも高めるために，練習ではできないことを，練習から一度離れて，練習とは別に実施するためにトレーニングを取り入れるわけです。それなのに，トレーニングを競技に近づけるというのは，この考え方に完全に逆行しているのです。体力を向上させてアスリートとしてのポテンシャルを広げる作業（＝トレーニング）と，向上した体力を使いこなすため，新たに最適な技術を（練習によって）身につけ直す作業（＝トレーニング効果の転移）の２つを一緒にせず，分けて考えたほうが，最終的に競技力向上に繋がる確率が高まるはずです。

4-2　ケガをしづらい身体づくり

　ウエイトトレーニングが競技力向上に貢献できるもう１つのルートが「ケガをしづらい身体づくり」です。まずは，ウエイトトレーニングを実施することで本当にケガをしづらい身体をつくることが可能なのかについて解説します。その後，ケガをしづらい身体をつくることが，どう競技力向上に貢献しうるのかについて述べます。

4-2-1 ウエイトトレーニングで「ケガをしづらい身体づくり」は可能か

ウエイトトレーニングをすると，身体が強くなってケガをしづらくなる，というイメージを持っている読者は多いでしょう。その一方で，ウエイトトレーニングをすると身体が重くなったり固くなったりして逆にケガをしやすくなる，という先入観を持っているアスリートや競技コーチも少なからず存在します。では実際のところ，ウエイトトレーニングをすると本当にケガをしづらい身体をつくることができるのでしょうか。この疑問について，ウエイトトレーニングによるケガ予防効果を調べた研究を紹介しながら解説をしていきます。

2014 年に Lauersen ら[41] が発表した研究では，ストレッチ・固有受容器トレーニング（バランストレーニング）・ウエイトトレーニングの3種類の運動によって，スポーツにおける傷害数をどの程度減らすことができるのかについて，過去に発表された 25 本の関連論文のデータを用いてメタ分析を実施しました。「メタ分析」とは，同じテーマについて過去に独立して行われた複数の研究のデータを集めて統合し，統計学的方法を用いて解析を行うことをいいます。一般的に，メタ分析の結果は，科学的根拠またはエビデンスの質としては最もレベルが高いものと考えられています。

その Lauersen ら[41] のメタ分析の結果によると，ストレッチ・固有受容器トレーニング・ウエイトトレーニングをどれも実施しなかった場合のケガの発生率を「1」とした時に，ストレッチを行った場合のケガ発生率（relative risk：RR）は 0.963，固有受容器トレーニングをやった場合は RR = 0.550，ウエイトトレーニングをやった場合は RR = 0.315 と報告されています。つまり，ストレッチにはほとんどケガの予防効果はなく，固有受容器トレーニングはケガの数を半分弱ほど減らす効果があり，ウエイトトレーニングはケガの数を 1/3 以下にまで減らす効果がみられたということです。

● ウエイトトレーニングを実施すると，ケガの発生率を 1/3 以下にまで減らすことができる。

　ウエイトトレーニングを実施することでケガの発生率を 1/3 以下にまで減らすことができるというのは，ストレッチや固有受容器トレーニングと比較しても，とても強力なケガの予防効果です。また，この「1/3 以下」というのはとてもキャッチーな数字なので，アスリートや競技コーチに対してウエイトトレーニングを実施するメリットの 1 つである「ケガをしづらい身体づくり」について説明をする時には，この論文を引用して「ウエイトトレーニングをすればケガのリスクを 1/3 にまで減らすことができますよ！」とアピールするのに使えます。

　その一方で，「ウエイトトレーニングをすればケガを 1/3 以下にまで減らすことができる」というアピールがあまり通用しないアスリートや競技コーチも存在します。とくに，自身が過去に大きなケガをしたことのないアスリートからは「ふーん」くらいの薄い反応しか返ってこないことが多くみられます。おそらく，この数字が「1/5 以下」「1/10 以下」だったとしても，反応は似たようなものだろうと思います。このような場合は，発想を逆転して「ウエイトトレーニングをやらないと，ケガのリスクが 3 倍以上に増えますよ！」と訴えるようにしています。人間の心理として「得を求めるよりも損を避ける」という傾向があるらしいのですが，「ウエイトトレーニングをやればケガを 1/3 以下にまで減らすことができる」という「得」よりも，「ウエイトトレーニングをやらないとケガのリスクが 3 倍以上に増えてしまう」という「損」を強調したほうが，ウエイトトレーニングに取り組んでみようと思ってもらえる確率が高まるのではないかという作戦です。つまり，「やらないと損ですよ」とアピールするのです。また，競技コーチに対しては，「アスリートにウエイトトレーニングをやらせずに，ケガのリスクが 3 倍以上も高い状態で放置しておいてもいいのですか？」というニュアンスを伝えて責任感に訴えることで，ウエイトトレーニングを取り入れてもらいやすく

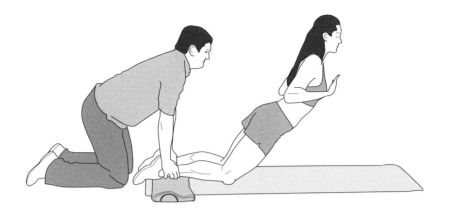

図 4-1 ノルディックハムストリングエクササイズ

なるかもしれません。

　Lauersen ら [41] の論文は，一般的なウエイトトレーニングを実施することで，ケガ全般の発生率に及ぼしうる影響を調べたものです。その一方で，特定のエクササイズが，特定の部位のケガの発生率を下げる効果があるかどうかを調査した研究もあります。その中でも，おそらく最も数多く研究されているのが，「ノルディックハムストリングエクササイズ」（**図 4-1**）を実施することによるハムストリングの肉離れの予防効果でしょう。ノルディックハムストリングエクササイズは，筋肉が引き伸ばされながら力を発揮する「エキセントリック収縮（もしくはエキセントリック筋活動）」を強調してハムストリングを鍛えるエクササイズで，ハムストリングの柔軟性やエキセントリック筋力の向上に効果があると考えられています。このノルディックハムストリングエクササイズによるハムストリングの肉離れの予防効果を調べた過去の研究をまとめてメタ分析した 2 つの論文 [1, 67] によると，ノルディックハムストリングエクササイズを取り入れなかった場合のケガの発生率を「1」とした時のケガ発生率（RR）は，ノルディックハムストリングエクササイズを実施した場合には RR = 0.49 になると報告されています（2 つ

なぜ「ケガをしづらい身体づくり」という表現を使うか

　ウエイトトレーニングを含めた「トレーニング」のメリットを説明する時に，一般的には「傷害（＝ケガ）予防」という表現が使われることが多く，NSCAもその使命（ミッションステイトメント）を説明する文章の中で「傷害予防」という表現を用いています。この表現のいわんとしていること，その方向性については否定するつもりはありませんし，「傷害予防」がトレーニングにおいて目指すべき目標の１つであることは間違いありません。

　しかし，現実的には，どれだけトレーニングを一生懸命やったとしても，スポーツをやっていればケガをする時はするものです。100％完全に防ぐことは不可能です。本文中に紹介したメタ分析でも，ウエイトトレーニングはケガの発生率を1/3以下まで減らすと報告されていますが，逆の見方をすると，完全にゼロにすることはできないと受けとることもできます。

　このような現実があるにもかかわらず，トレーニングを実施することのメリットを「傷害予防」といい切ってしまうのは，いい過ぎなのではないか，守ることのできない約束をするようなものではないか，と個人的に感じていました。

　アスリートが実際にケガをしてしまった場合に，「約束と違うじゃないか」と思われてしまい，トレーニングの有効性に疑念を持たれてしまうかもしれません。最悪の場合，トレーニングをやっても意味がないと判断されてしまい，トレーニングを継続しなくなってしまうかもしれません。これでは，誰も得をしません。

　そこで，トレーニングのメリットをより正確に伝えるため，「傷害リスク低減」という表現を使ったほうが適切なのではないかと考えた時期もありました。ウエイトトレーニングには実際に傷害リスクを低下させる効果があることがわかっていますし，この表現方法であれば，「ケガを100％完全に予防します」といい切っているわけではないので，実際にケガが発生してしまったとしても，整合性は保たれます。

　表現の正確性という意味では「傷害リスク低減」という主張の仕方は悪くないと思うのですが，競技コーチやアスリートに対するアピール力という点ではイマイチです。やはり，「傷害予防」といい切ってしまったほうがわかりやすいし，インパクトも強くなります。

　そんな「正確性」と「アピール力」のどちらを優先したほうがよいかと悩

んでいた時に思いついたのが，「ケガをしづらい身体づくり」という表現でした。私の個人的な感覚でしかありませんが，この表現方法であれば「正確性」と「アピール力」をどちらも兼ね備えています。「ちょっと誇張し過ぎかな…」と後ろめたい気持ちにならずに，事実だから堂々と主張することができるし，「傷害リスク低減」なんて小難しいいい方よりアピール力もあります。

　以上のような理由から，本書では，ウエイトトレーニングを含む「トレーニング」のメリットを説明する時に，一般的に使われる「傷害予防」という表現ではなく，「ケガをしづらい身体づくり」という表現を使っています。

の論文でこの数字は一致しています）。つまり，ノルディックハムストリングエクササイズを実施することで，ハムストリングの肉離れの発生率を約1/2に減らすことができるということです。ハムストリングの肉離れは比較的頻繁に発生するケガであり，再発率も高くて癖にもなりやすいので[48]，そのリスクを1/2に下げることができるのであれば，アスリートがノルディックハムストリングエクササイズを取り入れる価値は十分にあると考えられます。

　ここで，この1/2という数字が，Lauersenら[41]が報告している1/3以下という数字よりも大きい（相対的にケガの予防効果が小さい）のが気になった読者もいるかもしれません。この数字の差の理由はいくつか考えられます。まず，Lauersenら[41]が報告しているデータはケガ全般について調べたものなので，ケガの種類や部位によっては，ウエイトトレーニングによるケガの予防効果が1/3という数字よりも小さかったり大きかったりするはずです。あくまでも，それらをすべて総合して平均すると1/3以下まで減らす効果があるということです。したがって，ハムストリングの肉離れという特定のケガを予防する効果については，その平均的な値よりも小さいということなのかもしれません。また，ウエイトトレーニングを実施する時には，特定の筋肉をターゲットに1つのエクササイズだけを実施することは稀で，全身をバランスよく鍛えるのが一般的です。したがって，ノルディックハム

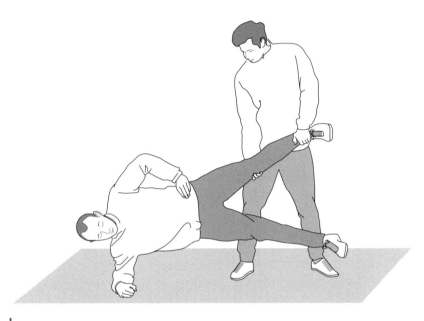

図4-2　コペンハーゲンアダクションエクササイズ

ストリングエクササイズのみを実施した場合は，ハムストリングの肉離れの発生率を1/2に下げる程度の予防効果しか得られないのかもしれませんが，それに加えて身体の他の部位もバランスよく鍛えるような全身のウエイトトレーニングも組み合わせることで，さらにハムストリング肉離れの発生率を下げることができるのかもしれません。

　ここでは1つの例としてノルディックハムストリングエクササイズを取り上げましたが，それ以外にも，特定の部位のケガを予防するためのエクササイズやトレーニング手法についてはさまざまな研究が行われ，現場で取り入れられています。たとえば，鼡径部のケガや股関節内転筋群の肉離れを予防するための「コペンハーゲンアダクションエクササイズ」（**図4-2**）などがあります[30]。したがって，全身をバランスよく鍛えるウエイトトレーニングを実施してケガ全般の発生率を1/3以下に抑えたうえで，それに

加えて，必要に応じて特定の部位のケガをターゲットにするような予防エクササイズもうまく取り入れることができれば，さらにケガをしづらい身体をつくることが可能になるはずです。

4-2-2 「ケガをしづらい身体づくり」がどう競技力向上に繋がるのか

アスリートがウエイトトレーニングを実施すれば，ケガをしづらい身体をつくることができるのは，ほぼ間違いなさそうです。では，アスリートがケガをしづらい身体をつくると，それがどのように競技力向上に繋がるのでしょうか。

まず，そもそもアスリートがケガをしていたら，試合に出ることができません。個人競技の場合，試合に出場できなければ勝つチャンスはゼロです。また，チーム競技であっても，試合に出ることができなければ，チームの勝利に貢献することはできません（裏方としてチームをサポートしたり，精神面で貢献したりすることを除けば）。とくにチームの主力選手がケガをして試合に出場できないと，大きな戦力ダウンとなり，チームとして勝つ確率は下がってしまいます。また，たとえ無理をすれば試合に出場できるような比較的軽いケガであっても，ケガのない健康なコンディションの時と比べれば，パフォーマンスは落ちてしまうはずです。したがって，ウエイトトレーニングを実施してケガをしづらい身体をつくり，ケガのない万全の状態で試合に出場する準備を整えることができれば，競技力向上に繋がるはずです。実際に，ラグビーやサッカーのようなチーム競技においては，ケガの数が少ないチームのほうが，リーグ戦におけるチーム順位がよい傾向があるというデータも報告されています[21, 69]。

短期的な視点でケガをすると目前の試合に出場できないというだけでなく，長期的に考えても，大きなケガをしてしまうと，競技人生が終わってしまうリスクがあるという点は見逃せません。どれだけ才能に溢れているアスリートであっても，どれだけ一生懸命に練習に取り組むことができるアスリートであっても，1つの大きなケガが原因でパフォーマンスが低下してしま

い，治療やリハビリテーションを経て復帰しても，もとのパフォーマンスを取り戻せないというケースは少なくありません。たとえば，ハムストリングの肉離れのようなタイプのケガは，再受傷のリスクが高く，一度ケガをしてしまうと同じ部位を繰り返し痛めてしまう，つまり癖になってしまいがちです [48]。また，身体のある部位をケガした時に，そこをかばうような動きをすることで別の部位にストレスがかかってしまい，次から次へと異なる部位のケガを繰り返してしまうアスリートもいます。ただでさえアスリートが現役として活躍できる期間は限られているのですから，それをケガによってさらに短くしてしまうというのは，避けたいところです。少しでも健康に，そして少しでも長く現役を続けるためにも，アスリートには積極的にウエイトトレーニングに取り組んでもらい，ケガをしづらい身体をつくってほしいものです。

　ケガをしてしまうと，試合に出られないだけでなく，練習にも参加できなくなります。練習ができなければ，スポーツがうまくなることはありません。結果として，「勝つ」という目標からは遠ざかってしまいます。逆に，ケガをせずにしっかりと練習を積むことができれば，技術を磨いたり，戦術理解

度を深めたり，チーム内の連携を高めたりすることで，「勝ち」に近づくことができます。また，練習をすれば，前述の「トレーニング効果の転移」も進みやすくなるので，トレーニングの効果を競技力向上に結びつけやすくなることも期待できます。オーストラリアの陸上選手を調査した研究[59] では，ケガ（や病気）により練習を休まざるをえない日数を，もともと計画されていた練習日全体の 20%未満に抑えることができれば（予定していた練習の 80%以上を実施できれば），重要な試合で目標とするパフォーマンスを発揮できる可能性が大きく高まることが報告されています。さらに，試合のないオフシーズンやプレシーズンの時期に休むことなく練習に参加できると，シーズン中のケガの減少に繋がる可能性が示唆されているデータもみられます[22, 70]。つまり，「**ウエイトトレーニングを実施する→ケガをしづらい身体をつくる→休まずに練習に参加する→さらにケガをしづらい身体になる」という好循環を生み出すことが可能**となるのです。

　アスリートが休まずに練習に参加するのは当たり前のことのように思われるかもしれません。しかし，現実には，競技スポーツというのはケガと隣り合わせであり，ケガの影響で練習や試合を休むことが 1 日もないまま現役を終えるアスリートのほうが珍しいくらいでしょう。チーム競技に目を向けてみても，1 シーズンを通してケガ人がゼロで，常にすべての選手が揃っている状態で練習ができ，試合にも臨めるケースは少ないはずです。したがって，ケガで休まずに練習をしっかりと積むというのは競技力向上のために非常に重要なことですが，一般的に思われているほど簡単にできることではありません。少しでもそこに近づくためにも，ウエイトトレーニングに取り組んでケガをしづらい身体をつくることには，大きなメリットがあるはずです。

　以上のように，ウエイトトレーニングを実施してケガをしづらい身体をつくることができれば，「試合に出場できる」「休まず練習をすることができる」ことで，競技力向上に繋がるはずです。それだけでも，アスリートがウエイトトレーニングをやするべき十分な理由になると，個人的に思います。その一方で，「（体力を向上させて）アスリートとしてのポテンシャルを広げる」というメリットと比べると，「ケガをしづらい身体づくり」というメリット

才能のあるアスリートのほうがケガをしやすい！？

　本文でも触れたように，「ケガをしづらい身体づくり」というウエイトトレーニングのメリットは，なかなかアスリートに認識してもらえません。どちらかというと，「(体力を向上させて) アスリートとしてのポテンシャルを広げる」というメリットのほうがアスリートの受けはいいですし，そちらを強調して説明したほうが，ウエイトトレーニングに取り組むモチベーションも高めてもらいやすくなります。

　しかし，アスリートの中には，生まれつきの才能に恵まれていて，ウエイトトレーニングを一切しなくても，速く走れたり，高く跳べたり，強く打てたり，速く・遠くに投げられたりするような，身体能力の優れた人が少数ながら存在します。「コラム1：トラやライオンはウエイトトレーニングしない！？」で取り上げたプロ野球のイチロー選手の発言でいうところの，トラとかライオンにあたるアスリートです。そのようなアスリートに対しては，「(体力を向上させて) アスリートとしてのポテンシャルを広げる」というメリットでさえアピール力がありません。「べつにウエイトトレーニングなんてしなくても，練習をするだけで十分に活躍できている」というように，本人が体力向上の必要性を感じていない場合，積極的にウエイトトレーニングに取り組んでもらうように説得するのは容易ではありません。

　第3章でも説明したように，生まれつきの才能に恵まれていて，その競技で活躍するのに必要なレベルの体力をすでに有しており，練習をするだけでも勝ててしまうのであれば，わざわざウエイトトレーニングを実施する必要はありません。あくまでも「勝つ」ことが目的であり，ウエイトトレーニングはそのための手段にすぎないのですから。しかしそれでも，そのような生まれつきの才能に恵まれているアスリートが，ウエイトトレーニングに取り組むメリットは間違いなくあります。というのも，生まれつき才能があり身体能力が高いアスリートは，そうでないアスリートよりもケガをしやすい傾向にあるからです。

　たとえば，球速が 130 km/h しか出ない野球のピッチャーと，160 km/h 以上の速球を投げることのできるピッチャーを比べたら，後者のほうが肘や肩を痛めるリスクは高いはずです [11, 14]。また，走るのが遅いアスリートよりも，速いアスリートのほうが，ハムストリングの肉離れなどのケガのリスクは高いでしょう。わかりやすいたとえを挙げると，スピードがあまり出ない軽自

動車よりも，スピードが出るフェラーリのようなスーパーカーのほうが，運転操作を誤った時に事故を起こすリスクが高いということです。そして，事故を起こした時のダメージも，後者のほうが大きいはずです。私のイメージでは，生まれつき身体能力の高いアスリートはフェラーリです。しかも，エンジンだけがフェラーリで，ブレーキや車体は並の自動車と同じ状態です。アクセルを踏み込めばスピードが出るので「勝つ」ことができる可能性は高くなります。しかし，スピードが出る分，ケガのリスクも高いでしょう。ウエイトトレーニングを実施することでブレーキ能力や車体の強度などを高めることができれば，事故を起こすことなく（＝ケガをすることなく），活躍を続けられるようになる可能性が高まります。

　したがって，生まれつき身体能力の高いアスリートにとって，ウエイトトレーニングを実施することで「（体力を向上させて）アスリートとしてのポテンシャルを広げる」ことのメリットは少ないかもしれませんが，もう１つのメリットである「ケガをしづらい身体づくり」というのは，むしろ他のアスリートよりも重要になります。せっかくの才能をケガで台なしにすることなく，できるだけ長く健康に現役生活を続けてもらい，その才能で多くのファンを魅了してもらうためにも，ぜひとも積極的にウエイトトレーニングに取り組んでほしいものです。

は少し地味で，アスリートの心をつかむのが難しいという印象を持っています。とくに，過去に大きなケガをしたことのないアスリートに対しては，アピール力が弱いと感じています。

　ウエイトトレーニングによる「ケガをしづらい身体づくり」というのは，プラスをさらに伸ばすような「攻めの役割」というよりは，マイナスを防ぐような「守りの役割」です。しかも，そのマイナス（＝ケガ）というのは，過去に大きなケガをしたことのないアスリートにとってはまだ起こっていないことであり，実際に将来起こるかどうかもわからないものです。したがって，過去に大きなケガをしたことのないアスリートが，ウエイトトレーニングによる「ケガをしづらい身体づくり」の重要性を正しく認識するためには，

「想像力」が必要になります。しかし，自らこの「想像力」をはたらかせて，「ケガをしづらい身体づくり」の重要性に気づくことのできるアスリートはそれほど多くありません。だからこそ，周りの競技コーチや私のようなS&Cコーチが，「ケガをしづらい身体づくり」というウエイトトレーニングのメリットの重要性を啓蒙し続けることが大切です。

逆に，ケガをして試合に出られない経験をしたことのあるアスリートや，繰り返し発生するケガに悩んでいるアスリートの場合は，「ケガをしづらい身体づくり」というウエイトトレーニングのメリットの重要性を認識しやすい傾向にあります。経験上，このようなアスリートのほうが，積極的にウエイトトレーニングに取り組んでくれることが多いようです。そういう意味では，アスリートがケガをすることはデメリットばかりではないのかもしれません。しかし，ケガの深刻度によっては，1回のケガだけで競技人生が終わってしまうリスクもあります。その点を考えると，大きなケガを経験する前に「ケガをしづらい身体づくり」の重要性に気づいてもらい，積極的にウエイトトレーニングに取り組んでもらうのに越したことはありません。本書がその啓蒙の一助となれば幸いです。

4-3 アスリートとしてのポテンシャルを広げるためのトレーニングと，ケガをしづらい身体づくりのためのトレーニングは別物か

ここまでの説明で，ウエイトトレーニングを実施すると「アスリートとしてのポテンシャルを広げる」「ケガをしづらい身体づくり」の2つを実現することができて，それが競技力向上に貢献することが理解できたはずです。ここで1つ疑問を持たれるかもしれません。それは，「アスリートとしてのポテンシャルを広げる」ためのトレーニングと「ケガをしづらい身体づくり」のためのトレーニングは別物なのか，それぞれ異なるやり方のトレーニングで達成する必要があるのか，ということです。

この疑問に対する私の個人的な意見は「ノー」です。「アスリートとして

のポテンシャルを広げる」ためのトレーニングと「ケガをしづらい身体づくり」のためのトレーニングを完全に分けて，別々にやる必要性は極めて低いです。なぜなら，両者は重複する部分が大きいからです。まずは「アスリートとしてのポテンシャルを広げる」ことを目指して，バランスよく適切なトレーニングを実施して，必要な部位に筋力や柔軟性をつけてあげれば，それだけで「ケガをしづらい身体づくり」は9割程度完了するものと考えています。

　もちろん，「アスリートとしてのポテンシャルを広げる」ことを目的としたトレーニングをやっているだけではカバーしきれないような，「ケガをしづらい身体づくり」に必要なものも1割くらいあります。そのような場合は，その足りない1割の部分を，「ケガをしづらい身体づくり」に特化したトレーニングとして追加で実施すればよいのです。「アスリートとしてのポテンシャルを広げる」ためのトレーニングと「ケガをしづらい身体づくり」のためのトレーニングをそれぞれ別に実施するよりも，まずは前者を目指して適切なトレーニングを実施し，それで補いきれない部分だけを目標にして後者のタイプのトレーニングを追加で実施するほうが，はるかに効率のよいアプローチです。

　ただし，このようなアプローチが成功する前提として，「アスリートとしてのポテンシャルを広げる」ためのトレーニングのやり方が適切なものである必要があります。「ケガをしづらい身体づくり」のためのトレーニングについては，科学的知見をもとにして，さまざまなパッケージ（ハムストリング肉離れ予防トレーニング，前十字靱帯損傷予防トレーニングなど）が提案されていますが，それらに共通して含まれているのは，

- 柔軟性の向上
- 筋力（とくにエキセントリック筋力）の強化
- 体幹（胴体）部分のスタビリティ能力の強化

といったものです。私が考える適切なウエイトトレーニングでは，可動域を

大きく使い，エキセントリック局面をコントロールし，フリーウエイト中心に体幹部分を安定させた状態で股関節や肩関節で大きな出力をするようなやり方をするので，自然と「ケガをしづらい身体づくり」にも繋がります。一方，狭い可動域だけしか使わなかったり，エキセントリック局面はまったくコントロールしないで重力にまかせて自由落下させたり，体幹部分を自ら安定させる必要のないマシンエクササイズばかりをやったり，といったやり方でウエイトトレーニングを行っていては，「ケガをしづらい身体づくり」としての効果はそれほど見込めないかもしれません。その場合は，「アスリートとしてのポテンシャルを広げる」ためのトレーニングと「ケガをしづらい身体づくり」のためのトレーニングを別々に実施しないといけなくなるので，効率が悪くなってしまいます。

　ウエイトトレーニングを実施して体力を向上させることが競技力向上に貢献するルートには「アスリートとしてのポテンシャル向上」と「ケガをしづらい身体づくり」という2つがありますが，それぞれを目的とするトレーニングのやり方は必ずしも別物ではなく，むしろ共通部分が多いのです。まずは強化を狙った前者のタイプのトレーニングをしっかりとやったうえで，それだけでは足りない部分だけを後者のタイプの傷害予防パッケージを活用して補う，といったイメージでウエイトトレーニングを計画できると，効率的かつ効果的に競技力向上に繋げることが可能になるはずです。

5

トレーニングが
競技力向上に繋がるまでの
プロセス

第4章では、トレーニングがどのように競技力向上に貢献するのかについて、「アスリートとしてのポテンシャルを広げる」と「ケガをしづらい身体づくり」の2点を紹介しながら解説しました。本章ではもう1歩議論を進めて、ここまでの説明を踏まえたうえで、「トレーニングが競技力向上に繋がるまでのプロセス」を1ステップごとに具体的に解説します。

5-1 入力→ブラックボックス→出力

トレーニングを実施することで、筋力や柔軟性などの体力が向上する現象を単純なモデルで表わしたものが**図 5-1** です。

図 5-1 トレーニングのプロセスを表わしたモデル

図 5-1 に出てくる「ブラックボックス」とは，外側から見た使い方だけがわかっていて，中身の動作原理はわからない装置のことを指す言葉です。たとえば，私はパソコンを使ってこの原稿を執筆していますが，パソコンの中にどのような部品が入っていて，それがどのような仕組みで動いているのかはさっぱりわかりません。しかし，どのボタンを押せば求める機能を使えるかは把握しているので，問題なく使いこなせています。私にとってこのパソコンは，まさに「ブラックボックス」です。

　これをトレーニングに当てはめて考えてみます。現在のスポーツ科学をもってしても，トレーニングによって筋肉が太くなったり筋力が向上したりする生理学的なメカニズム（＝ブラックボックスの中身の動作原理）が完全に解明されているわけではありません。しかし，どのようなトレーニング刺激（＝入力）を身体に与えれば，どのような応答・適応（＝出力）を引き起こすことができるのか（＝外側から見た使い方）については，経験的にある程度わかっていますし，科学的な研究も進んでいます。

　たとえば，ウエイトトレーニングを 70％ 1RM（repetition maximum，1RM は 1 回だけ挙げられる最大重量のこと）の負荷で 3 セット × 10 レップ実施するという「入力」を身体に与えれば，筋肥大という「出力」が得られることを，われわれは経験的に知っています。そして，そのような経験則と現時点で手に入る科学的知見をうまく組み合わせながら，トレーニングプログラム（＝入力）を計画し，目的とする適応（＝出力）を引き起こそうとしているわけです。これはまさに「ブラックボックス」そのものです。

　ここで 1 つ押さえておきたいのは，引き出したい「出力」に合わせて適切な「入力」を決める，という「順番」が重要であるという点です。本書では繰り返し **「手段の目的化」という過ち**をおかさないよう注意喚起をしていますが，同じことがここでも当てはまります。一例をあげると，スクワットは「キングオブエクササイズ」とも呼ばれるほど有用なエクササイズですが，まずはスクワットありきで考えてしまうと「手段の目的化」になってしまいます。逆に，たとえば股関節伸展筋力の向上という「出力」を引き出したいと考えて，それを達成するための「入力」としてスクワットが適切だと判断

して選択するのであれば，それは正しい考え方（の順番）であるといえます。**図 5-1** の「入力」が手段，「出力」が目的と捉えるとわかりやすいと思います。

　この考え方を理解できれば，前述の例でいうと，股関節伸展筋力の向上という「出力」を引き出したい時に，「入力」の手段がスクワットである必要はないと判断し，他の選択肢も考慮に入れることができるようになります。スクワットでなくても，デッドリフトでもよいし，リバースランジでも，レッグプレスでもよいのです。股関節伸展筋力の向上という「出力」を引き出すことができるのであれば，スクワットにこだわる必要はありません。むしろ，必要な部位に柔軟性や筋力がついておらず，股関節伸展筋力の向上という「出力」を引き出すのに適した動き（＝フォーム）でスクワットを実施するための準備が整っていないアスリートの場合，スクワットが「入力」の手段としては最適ではないことだって考えられるのです[72]。

5-2　超回復理論 vs. フィットネス–疲労理論

　トレーニングが競技力向上に繋がるまでのプロセスを理解するうえで，押さえておきたい考え方が2つあります。「**超回復理論**」と「**フィットネス–疲労理論**」です。

　どちらも，**図 5-1** のモデルの「出力」が，1回の「入力」後にどのように反応し，時間経過とともにどのように変化していくのかを説明する理論です。どちらも同じ事象を説明しているわけですから，この2つの理論が両立することはありえません。少なくとも，「出力」が時間経過とともにどのように変化していくのかについて，どちらか一方が，他方よりもうまく説明できるはずです。したがって，トレーニングを競技力向上に繋げるためには，この2つの理論をどちらも理解して比較したうえで，「1回の入力後に出力が時間経過とともにどのように変化していくのか」という複雑なプロセスをよりうまく説明できるほうの理論を採用し，トレーニング計画立案などに活用することが求められます。

　まずそれぞれの考え方について解説し，その後2つの理論を比較します。

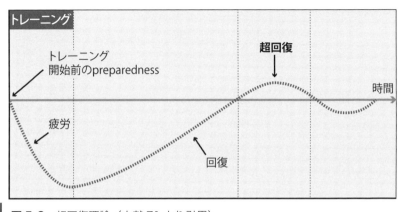

図 5-2 超回復理論（文献 71 より引用）

5-2-1 超回復理論

　まず，「超回復理論」を簡単に説明します（**図 5-2**）。「超回復理論」
は，生理学者の Hans Selye によって提唱された汎適応症候群（general
adaptation syndrome：GAS）に基づいており，その考え方をトレーニン
グに応用したものです [18, 63]。そもそも GAS は，身体が外的な刺激（＝スト
レッサー）にどう反応するかを説明したモデルです。身体がストレッサーを
受けた時に，ホメオスタシス（＝生物の内部環境が一定に保たれている状態）
を維持するため，どのように反応するかが 3 つの段階に分けて説明されて
います。

- **警告反応期**（alarm phase）：ストレッサーを受けた直後で，刺激に対
  する準備ができておらず，ネガティブな反応が見られる。
- **抵抗期**（resistance phase）：受けたストレッサーに抵抗するため，さ
  まざまな生理的調節が起こり，ストレッサーとストレス耐性が拮抗し
  ている。
- **疲憊期**（exhaustion phase）：ストレッサーが強すぎたり長く続いた
  りすると，対抗する力が失われ反応できなくなり，最終的には死に至る。

　このような GAS という基本概念を，トレーニングに対する身体の反応に当てはめた「超回復理論」という枠組みで考えると，トレーニングを実施した直後は疲労や筋肉のダメージにより体力レベルあるいはコンディション（ここでは「preparedness」と呼びます*）が一時的に低下します（GAS の「警告反応期」にあたる）。その後，時間が経つにつれて preparedness が次第に回復してトレーニング前のレベルにまで戻り，さらに時間が経つと preparedness はトレーニング前のレベルを超えてより高いレベルに到達します（＝超回復，GAS の「抵抗期」にあたる）。そして，さらにそれ以上時間が経過すると，超回復効果が消滅し，preparedness がトレーニング前のレベルに再び戻ります。

　つまり，時間経過とともに，トレーニングという入力に対して preparedness という出力が，

- トレーニング前のレベルよりも低下する（**疲労**）
- トレーニング前のレベルに戻る（**回復**）
- トレーニング前のレベルを超える（**超回復**）
- 再びトレーニング前のレベルに戻る（**超回復の消滅**）

という変化を見せることを説明したのが「超回復理論」ということになります（ちなみに，トレーニング負荷が強すぎて身体がうまく適応できないとオーバートレーニング状態に陥ってしまいますが，これは GAS の「疲憊期」にあたります）。

---

* 「**preparedness**」は，その時点で発揮可能な体力レベルのことを指す用語です。意味としては，一般的に使われる「コンディション」という言葉に近いのですが，本書においては，トレーニング刺激という入力を身体に与えた結果としての「出力」を特定する言葉として，曖昧さを排除するために「preparedness」と呼びます。本当は「preparedness」ではなく「パフォーマンス（競技力）」と直接的に呼びたいところですが，実際のパフォーマンスには他の要因（天候，対戦相手，技術，戦術，心理的要因など）も関わってくるので，あくまでも「身体的なポテンシャル」という意味で「preparedness」と呼ぶこととします。

a. セッション間のインターバルが**ちょうどよい**

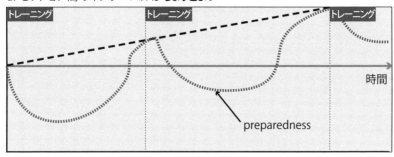

b. セッション間のインターバルが**短すぎる**

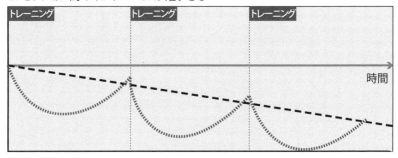

c. セッション間のインターバルが**長すぎる**

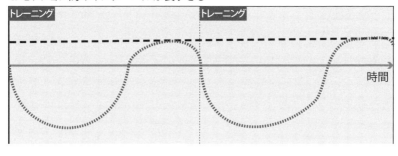

図5-3 超回復理論，セッション間インターバルの違い（文献71より引用）

「超回復理論」では，トレーニングという入力に対して，preparedness という出力がただ1つの要因として，減ったり増えたりするという変化を見せるので，「one-factor theory（一元論，一要因論）」と呼ばれることがあります [71]。

「超回復理論」に基づいて考えると，超回復という現象が起こっているタイミング（preparedness がトレーニング前のレベルよりも高まっている状態）で次のトレーニングを実施する（次の入力をする）ことが非常に重要になります。それを繰り返すことで，どんどん preparedness が向上していくのです（**図 5-3a**）。

一方，トレーニングとトレーニングの間のインターバル（日数，間隔）が短すぎる（preparedness がトレーニング前のレベルよりも低いタイミングで次のトレーニングをする）と，前回のトレーニングによる疲労やダメージから回復する前に，次のトレーニングによる新たな疲労やダメージが積み重なっていくため，preparedness は次第に低下していくことになります（**図 5-3b**）。つまり，トレーニング刺激という「入力」を身体に与えるタイミングが悪いと(早すぎると)，せっかくトレーニングをしているにもかかわらず，どんどん preparedness が低下していくという逆効果を引き起こしてしまうことになるのです。また，この状態が長く続くと，短期間の休息では回復できないような状態，つまりオーバートレーニング状態に陥ってしまうリスクがあります。

逆に，1回のトレーニング後，次のトレーニングを実施するまでに時間が空き過ぎてしまうと，超回復状態が消えて，preparedness がトレーニング前のレベルにまで戻ってしまいます。つまり，トレーニングセッション間のインターバルが長すぎると，preparedness が段階的に向上していくことはなく，せっかく一生懸命トレーニングをしても preparedness が一向に変わらないまま，ということになります（**図 5-3c**）。

「超回復理論」はトレーニング理論としては非常に認知度も高く，多くの生理学やトレーニング関連の書籍にも書かれており，競技コーチや S&C コーチの間にも浸透しています。しかし，その理論の正確性や有用性について

疑問視する声もあり，その人気は失われつつあるといっても過言ではないでしょう[71]。

5-2-2 フィットネス–疲労理論

「超回復理論」に対して，「フィットネス–疲労理論」は「**two-factor theory（二元論，二要因論）**」と呼ばれます[71]。ここで登場する2つのfactor（要因）は「フィットネス」と「疲労」です（**図5-4**）。

「フィットネス–疲労理論」の基本的な考え方は，トレーニングをするとフィットネスが向上する一方で疲労は蓄積し，前者はプラスの効果，後者はマイナスの効果があり，そのプラスマイナスの合計が preparedness として表面に現れてくる，というものです。

- フィットネス＝プラスの出力
- 疲労＝マイナスの出力
- preparedness ＝プラスマイナスの出力の合計

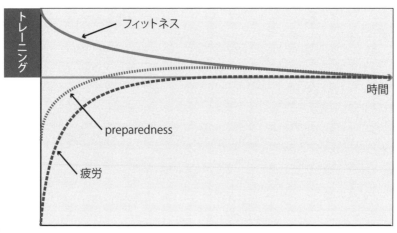

図5-4　フィットネス–疲労理論（文献71より引用）

表 5-1 「フィットネス‐疲労理論」におけるフィットネスと疲労の特徴

	急性の変化量	変化の速度
フィットネス	小さい	ゆっくり
疲労	大きい	速い

　また，「フィットネス‐疲労理論」の本質を理解するためには，「トレーニング」という入力に対して，「フィットネス」と「疲労」というプラスとマイナスの出力がどのように反応し，時間経過とともにどのような変化を見せるのか，その特徴を把握しておくことが必要です。とくに，「**急性の変化量**」と「**変化の速度**」という 2 つの特徴が重要になります（**表 5-1**）。

　まず，プラスの出力である「フィットネス」の特徴を見ていきます。筋力であれ柔軟性であれ，体力（≒フィットネス）というのは 1 回トレーニングを実施したからといって，急激に向上するものではありません。何ヵ月間，何年間にもわたってコツコツと地道にトレーニングを継続することで，徐々に体力は向上していくのです。したがって，**フィットネスの「急性の変化量」は小さい**と考えられます。別のいい方をすると，1 回のトレーニングという入力に対して，プラスの出力であるフィットネスが増える量は比較的小さいということです。その代わり，トレーニングにより獲得したフィットネス向上効果は時間が経つとすぐに消えてしまうわけではなく，比較的長い期間にわたって持続しやすいという特徴があります。つまり，トレーニングによって向上したフィットネスがトレーニング前のレベルに戻るまでに時間がかかるので，**フィットネスの「変化の速度」はゆっくり**である，ということになります。

　次に，マイナスの出力である「疲労」の特徴について考えてみます。量が多い，または強度が高いトレーニングを実施すると，1 回のトレーニングだけでも疲労が蓄積され，その結果としてプラスマイナスの合計であるpreparedness も一時的に大きく低下する，というのは誰もが経験したことがあるはずです。たとえば，ウエイトトレーニングを実施した直後に筋力を

測定したら，疲労のせいであまりよい結果は出ないはずです。つまり，**疲労の「急性の変化量」は比較的大きい**のです。その代わり，1回のトレーニングによって蓄積された疲労はいつまでも残っているわけではなく，時間が経過するにしたがって比較的すばやく減っていくので，**疲労の「変化の速度」は速い**という特徴があります。

　以上の特徴を踏まえたうえで，**表5-1** も参照しながら，もう一度**図5-4**を見てください。トレーニング直後は，フィットネスも疲労もその量（絶対値）が増えていますが，「急性の変化量」はマイナス要因である疲労のほうが相対的に大きいという特徴があるので，結果としてプラスマイナスの合計である preparedness はマイナスになります。別のいい方をすると，フィットネスそのものは向上しているのに，それが疲労によって覆い隠されているという状態です。その後，時間が経つと，向上したフィットネスは少しずつ低下していきますが，それ以上のスピードで疲労が減っていくので（＝「変化の速度」はフィットネスよりも疲労のほうが大きい），preparedness はプラス方向に向かって増えていき，ある時点でプラスマイナスがゼロとなり，preparedness がトレーニング前のレベルにまで回復します。さらに時間が経つと，「マイナス要因である疲労」と「プラス要因であるフィットネス」の大きさ（＝絶対値）が逆転して，後者のほうが大きくなります。その結果，プラスマイナスの合計である preparedness はプラスに転じて，トレーニング前のレベルを超えます。そこからさらに時間が経過すると，ある時点でマイナスの出力である疲労はほぼ取り除かれてゼロになってしまうので，それ以上「マイナスの出力が減る」という作用により preparedness が増えていくことはなくなります。したがって，その後はフィットネスが徐々に低下していくのにつれて preparedness も一緒に低下し，次第にトレーニング前のレベルにまで再び戻っていくことになります。

　以上のように，トレーニングという「入力」をした後の preparedness という「出力」が時間経過とともに見せる変化の背景には，プラス要因の「フィットネス」とマイナス要因の「疲労」という2つの存在があり，それぞれが異なる「急性の変化量」と「変化の速度」の特徴を持っていて，その相

互関係によって preparedness の動態が決定される，という考え方が「フィットネス–疲労理論」の本質となります。

5-2-3 どちらを採用するべきか

1回の入力（＝トレーニング）後の preparedness の動態だけに着目すると，「超回復理論」と「フィットネス–疲労理論」という2つのモデルは非常に似ているように見えます。どちらのモデルにおいても，preparedness はトレーニング直後に低下し，時間経過とともにトレーニング前のレベルにまで戻り，その後トレーニング前のレベルを超えてより高い状態に到達し，さらに時間が経つと再びトレーニング前のレベルに戻るからです。したがって，トレーニングの結果として表面に見えている現象（preparedness）だけを比べると，2つの理論の間にはそれほど大きな差がないような印象を受けるかもしれません。「それなら，どちらの理論でも，結果は変わらないのではないか？」「one-factor theory だとか two-factor theory だとかいうのはしょせん言葉遊びに過ぎず，ただの机上の空論なのではないか？」と思われるかもしれませんが，そんなことはありません。2つの理論はまったく異なる考え方であり，どちらを信じるかによってトレーニング計画を立てる際のアプローチが大きく変わります。そして，トレーニング計画が異なれば，当然，トレーニング効果にも大きな違いが出てきます。

2つの理論の差が最も顕著になるのが，重要な大会に向けての「**テーパリング**」における考え方です。「テーパリング」というのは，重要な試合に向けて preparedness のピークを合わせるために，練習・トレーニング負荷を減らしてコンディション調整をすることを指します[53, 74]。たとえば，「超回復理論」を信じている競技コーチや S&C コーチがテーパリングを計画する場合，重要な大会の数週間前にアスリートを追い込むような負荷の高い練習やトレーニングを入れて一度 preparedness を大幅に低下させておいたうえで，その後は試合当日まで負荷の高い練習やトレーニングをほとんど行わずに疲労回復に努めることによって，preparedness の超回復の山のピークをできるだけ高くしよう，という戦略を立てるはずです。問題はどの日にピー

クを合わせるか，そして，そのピークを合わせるために負荷の高い最後の練習・トレーニングをいつ（どのタイミングで）実施するか，ということになります。

　テレビや新聞，雑誌などのメディアをみていると，「重要な試合に向けて，1ヵ月ほど前にアスリートを追い込むような負荷の高い練習・トレーニングを実施して一度コンディションを落としたうえで，その後，試合に向けて少しずつ疲労を抜いていくことでピーキングを達成させる」というアプローチをとっているS&Cコーチや競技コーチが多いのではないか，という印象を持っています。そのような人たちは，それが意識的であれ無意識的であれ，「超回復理論」的な思考に基づいてテーパリングを計画・実行しているのです。「コンディション（preparedness）を上げるためには，その前に一度落とさないといけない」というのは，典型的な「超回復理論」的思考です。そして，その落とし方が大きければ大きいほど，反動によってその後の超回復も大きくなるはずだ（＝ preparedness のピークが高くなるはずだ）という考え方もまた，「超回復理論」の影響を色濃く受けているものです。

　一方，「フィットネス−疲労理論」の考え方をトレーニング計画立案に取り入れているS&Cコーチや競技コーチがテーパリングを計画する場合，「フィットネスをできるだけ維持しつつ疲労を減らしていこう」と考えるはずです。そうすることで，プラスマイナスの出力の合計である preparedness を高めることができるからです。そのためには，「超回復理論」に基づいたテーパリングのように，負荷の高い練習・トレーニングと思い切った休養を組み合わせる戦略よりも，負荷を減らした練習・トレーニングを試合直前まで高い頻度で実施していく，という戦略をとることになります。負荷を減らした練習・トレーニング（一般的には量を減らした練習・トレーニング）を実施することにより疲労はそれほど残さずに済むので，蓄積された疲労を徐々に減らしていくというテーパリングの目的の達成を邪魔しません。また，頻度を極端に落とさず定期的にトレーニング刺激を身体に与えておくことで，テーパリング期間中にフィットネスが過度に低下することも防げます。そのような戦略により，「フィットネス維持＋疲労減少＝ preparedness アップ」

という結果につながり、ピークコンディションで試合を迎えることができる、というのが「フィットネス–疲労理論」的テーパリングの考え方です（テーパリングについては拙著「ピーキングのためのテーパリング–狙った試合で最高のパフォーマンスを発揮するために–」[74] でさらに詳しく解説しているので、興味のある読者は手にとってみてください）。

1回の入力（＝トレーニング）後の preparedness の動態だけに着目すると、「超回復理論」と「フィットネス–疲労理論」という2つのモデルは非常に似ているように見えるかもしれません。しかし実際には、テーパリングの例を使って説明したように、どちらのモデルを採用するかによって、トレーニング計画立案へのアプローチが大きく変わってきます。そして、トレーニング計画が変われば、それによって生じる結果も当然変わります。つまり、2つのモデルのうち、「出力が時間経過とともにどのように変わっていくか」をよりうまく説明できていて、それに基づいてトレーニングを実行すれば、よりよい結果に結びつくであろうと考えられるほうの理論を選択する必要があるのです。

個人的な考えとしては、「超回復理論」はあまりにも単純すぎて「出力が時間経過とともにどのように変わっていくか」という複雑なプロセスをうまく説明できているとは思えません。もし「超回復理論」が高い正確性をもって実際に起こる現象をうまく説明できているのであれば、トレーニングをした後に疲労により preparedness が低下しているタイミングで次のトレーニングをやっても意味がない、むしろ preparedness が逆に低下することになるはずです（**図 5-3b**）。しかし実際には、たとえばウエイトリフターは、前回のトレーニングによる疲労が残っている状態でも、ほぼ毎日のように全身を（身体の同じ部位を）トレーニングして preparedness を向上させています。つまり、1回トレーニングをした後に、preparedness が超回復をしてトレーニング前のレベルを超えるタイミングまで待ってから次のトレーニングを実施しているわけではないのにもかかわらず、長期的にみると preparedness を向上させることに成功しているのです。そう考えると、「超回復理論」というモデルの有用性には疑問符がつきます。どちらかというと、

トレーニングをしても体力は急に向上しない

　「フィットネス−疲労理論」の説明において，フィットネスの「急性の変化量」は小さいという話をしました。これは，わかりやすくいい換えると「トレーニングをしても体力（≒フィットネス）は急に向上しない」ということです。この事実を押さえておくことは非常に大切なので，あえてコラムで取り上げます。

　「トレーニングをしても体力は急に向上しない」なんてことは当たり前だと思われるかもしれませんが，そのような認識が不足していると思われるスポーツ関係者は意外に多いと思います。たとえば，「フィジカル合宿」とか「トレーニングキャンプ」と称して，オフシーズンの序盤に数週間，競技の練習はあまりせずに，体力向上を主目的とするトレーニングを中心に実施する機会が設けられることがあります。また，合宿やキャンプといった特別な形でなくても，「今週と来週はフィジカルウィークにして競技の練習は一切やらないから，トレーニング指導はまかせたぞ！」と競技コーチから頼まれることもあります。

　このような場合，おそらく競技コーチ側には「数週間トレーニングに専念できる期間を作ってやるから，その間に体力を大きく向上させてくれ！」という期待があるのだと思われます。とくに，オフシーズン序盤という時期にそのような機会が設けられる時には，その期間中のトレーニングだけで１年間もしくは１シーズン戦い抜ける強靭な身体を作りあげてほしいという願いも込められているのかもしれません。

　しかし，どんなに優秀なS&Cコーチであっても，そのような期待や願いに応えることは不可能です。数週間だけトレーニングに割く時間を増やして，トレーニング量を一時的に増やしたとしても，体力が急に向上することはありません。トレーニングは魔法ではないのです。

　そもそも，１回のトレーニングで向上させることのできる体力レベルは，ほんのわずかでしかありません（＝フィットネスの「急性の変化量」は小さい）。それをコツコツと継続することで，ほんのわずかな体力向上が徐々に積み重なっていき，長期的に見ると大きな体力向上に繋がるのです。

　その一方，「フィットネス−疲労理論」の説明で述べたように，疲労の「急性の変化量」は大きい，という特徴があります。急に体力を向上させようとして，トレーニング量を一時的に増やしてしまうと，フィットネスは急に向

上しないにもかかわらず，疲労は短期間でも大きく蓄積してしまうのです。そのような疲労の蓄積は，練習の質の低下に繋がったり，ケガのリスクを高めたりする恐れがあり，注意が必要です。

「フィットネス–疲労理論」におけるフィットネスと疲労の「急性の変化量」という特徴を，単なる理論的なものとしてではなく，現実に当てはまる実用的な知識としてしっかりと理解できれば，わずか数週間のトレーニングで大幅に体力を向上させるというような非現実的な期待をしなくなるはずですし，継続してコツコツとトレーニングに取り組む重要性も認識できるでしょう。

　繰り返しになりますが，トレーニングをしても体力は急に向上しません。トレーニングは魔法ではないのです。

「フィットネス–疲労理論」のほうが洗練された概念であり，トレーニングを実施することで体力が向上するメカニズムをよりうまく説明できていると考えられます[71]。

　たとえば前述のウエイトリフターの例でいうと，ほぼ毎日のように全身を（身体の同じ部位を）トレーニングすることで，プラスの出力のフィットネスもマイナスの出力の疲労も，どちらも増えていくと考えられます。そして，「急性の変化量」は疲労のほうが大きいので，プラスマイナスの合計である preparedness は一時的にマイナスに傾きます。しかし，ウエイトリフターは負荷の高いトレーニングを休みなく毎日続けているわけではなく，週末など練習をしないオフの日もあるでしょうし，1週間の中でも負荷の高い日と低い日を戦略的に設けてメリハリをつけて練習をしているはずです。また，数週間に1回程度の頻度で，リカバリー目的で比較的負荷が軽めの週を設けることもあるでしょう。そうした負荷の軽い時期やそもそもトレーニングをやらないオフの日などにおいては，入力がゼロもしくは減っているので，プラスの出力のフィットネスとマイナスの出力の疲労はどちらも減っていくと考えられます。しかし，「変化の速度」は疲労のほうが速いので（プラスの出力が減る速度よりもマイナスの出力が減る速度のほうが大きい），

オフや軽めのトレーニング期間においては，preparedness はプラスの方向に増えていきます。このように，フィットネスは高まるけれども一時的に preparedness が低下してしまう「強化」と，疲労を取り除き preparedness を増加に転じさせる「リカバリー」を，バランス良く組み合わせて長期のトレーニング計画を立てて実行することで，preparedness を徐々に増やすことに成功しているのです。

　このように，「超回復理論」では説明がつかないことが「フィットネス−疲労理論」であれば説明がつくということは，後者のほうが，**図 5-1** のモデルの「出力」が「入力」後に時間経過とともにどのように変化していくのかをよりうまく説明できていると考えてもよいということになります。もちろん，「フィットネス−疲労理論」自体も考え方としては単純すぎるし，それだけで「出力が時間経過とともにどのように変わっていくか」という複雑なプロセスをすべて完璧に説明できるわけではありません。しかし，S&C コーチや競技コーチがトレーニングを計画したりコンディション調整を考えたりするうえで参考にするモデルとしては十分使えるものですし，「超回復理論」よりもはるかに洗練された考え方であることは間違いありません。また，「フィットネス−疲労理論」という考え方の妥当性は，練習やトレーニング負荷（＝入力）とパフォーマンス変動（＝出力）の関係を数学的なモデルを使って調べた研究によっても支持されています[2, 12, 51, 78]。したがって，「勝つ」確率を高めたいのであれば，「超回復理論」よりも「フィットネス−疲労理論」という考え方を取り入れ，それに基づいてトレーニング計画を立てたりコンディション調整をしたりするべきです。ちなみに，「超回復理論」は出力の時間経過を説明するには適していないと説明しましたが，その考え方の基になっている「汎適応症候群（GAS）」という概念までも否定しているわけではありません。とくに，人間の身体には外的な刺激（＝ストレッサー）を受けると，ホメオスタシスを維持するためにさまざまな生理的調節が起こり，ストレッサーとストレス耐性を拮抗させようとする仕組みが存在する，という「GAS」の考え方自体はとても重要です。「フィットネス−疲労理論」の枠組みにおいて，トレーニングという入力をするとプラスの出力であるフ

ィットネスが増える，つまり体力が向上する仕組みの説明としては，十分当てはまるものです。

5-3 トレーニング効果の転移

「超回復理論 vs. フィットネス–疲労理論」の議論を踏まえて，**図5-1** の出力の部分を置き換えてみると，**図5-5** のようになります。

この図に基づいて考えると，競技力向上のためのトレーニングの目標としては，長期的にはプラスの出力であるフィットネスを高めていくことを目指すべきだということが理解できます。それに加えて，そのような長期的なトレーニング計画の中でも，たとえば目の前の試合に向けては，「入力」にあたるトレーニング負荷を一時的に減らすことで蓄積疲労を取り除いてpreparedness を高める（たとえばテーパリング）という短期的な戦略もうまく組み合わせることが必要となるでしょう。

また，試合がない時期であっても，「入力」にあたるトレーニング負荷を定期的に減らすことで，疲労が過剰に蓄積しないように工夫することは大切です。なぜなら，疲労が蓄積しすぎて preparedness が大幅に低下すると，トレーニングの質（＝入力の質）が低下してしまい（ウエイトトレーニングで軽い重量しか挙げられないなど），結果としてフィットネスを高めるために必要なレベルのトレーニング刺激（＝過負荷）を身体に与えることができなくなってしまう恐れがあるからです（「過負荷」の重要性については，第

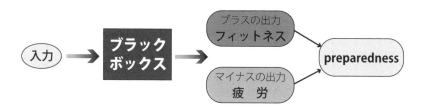

図5-5 トレーニングのプロセスを表わしたモデル＋フィットネス–疲労理論

6章で詳述します）。

　また，preparedness が著しく低下している状態では，競技練習の質にも悪影響を与えてしまい，技術の習得や向上の妨げにもなりかねません。さらに，疲労の蓄積が過剰になると，オーバートレーニング状態に陥ったり，睡眠が妨げられたり，免疫機能が低下して病気になりやすくなったりするリスクもあります[31]。

　したがって，**トレーニング負荷（＝入力）を減らしたりゼロにしたりする日や時期を戦略的に設けることで，フィットネスを高める「強化」と疲労を減らす「リカバリー」のバランスを上手にとることが求められます。**

5-3-1　トレーニング効果を競技力に繋げるもう1ステップ

　ここで1つ思い出してほしいことがあります。それは，「超回復理論」や「フィットネス–疲労理論」における「出力」の動態について説明をした時に，「パフォーマンス」とか「競技力（競技成績)」といった直接的な言葉を使わずに，あえて意図的に「preparedness」という言葉を使ったことです。それは，フィットネスを高めて疲労を取り除いて preparedness が高まったからといって，自動的に競技力の向上に直結するわけではないからです。つまり，preparedness は競技力とイコールではないのです。

　第4章でも説明しましたが，トレーニングを実施して筋力や柔軟性といった体力が向上しても，それはあくまでも「アスリートとしてのポテンシャルを広げる」ということに過ぎません。広がったポテンシャルを競技力に繋げるためには，もう1ステップが必要になります。具体的には，トレーニングによって向上した（変化した）体力を活かすため，新たに最適な技術を身につけ直すという作業が，この「もう1ステップ」にあたります。つまり，preparedness の向上を競技力の向上に結びつけるためには**「トレーニング効果の転移」**と呼ばれるもう1ステップが必要となるわけです（**図5-6**）。

　たとえば，ウエイトトレーニングを実施してスクワットの 1RM が大きく向上したにもかかわらず，ジャンプを高く跳べるようにならないとか，走るのが速くならない，球速がアップしないなどの場合には，この「トレーニン

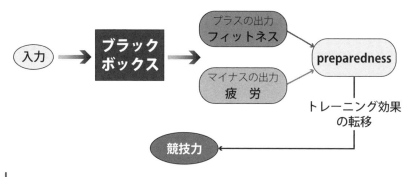

図 5-6　トレーニング効果の転移

グ効果の転移」がうまくいっていない可能性があります。「トレーニング効果の転移」については第 4 章でも簡単に説明しましたが，その考え方を理解するためには，第 4 章の**コラム 2** で紹介した，筋力の向上と垂直跳びパフォーマンスの関係を調べたコンピューターシミュレーション研究[6] が役に立ちます。もう一度**コラム 2** を読み直してみてください。

　そのコンピューターシミュレーション研究の結果を簡単にまとめると以下のとおりです。

- 筋力を向上させるだけでは，垂直跳びパフォーマンスが向上しないどころか低下してしまう。
- 向上した（変化した）筋力を使いこなすために最適な技術を身につけ直せば，筋力の向上が垂直跳びパフォーマンスの向上に繋がる。

　図 5-6 において，プラスマイナスの出力の合計である preparedness を向上させるというのは，上述のコンピューターシミュレーション研究でいうところの，「筋力を向上させる」という部分にあたります。それだけでは，必ずしも競技力向上に繋がるわけではなく，場合によっては競技力が低下してしまうこともありうるのです。

　アスリートのトレーニング指導を担当する S&C コーチなどの専門家は，

アスリートにトレーニングをさせて体力が向上すれば自分の役目は果たしたと思って満足してしまいがちです。しかし，「勝つ」ためには体力を向上させるだけでは不十分であり，場合によっては競技力を低下させてしまう原因にもなりうるという点は肝に銘じておくべきです。あくまでもトレーニングの最終目標は「勝つ」ことなので，たとえ体力が向上したとしても，「トレーニング効果の転移」がうまくいかず勝利に繋がらなければ意味がないのです。

5-3-2 「トレーニング効果の転移」を促進するための方法

　では，どうすればトレーニングによって向上した preparedness を競技力の向上に結びつけることができるのでしょうか。つまり，どうすれば「トレーニング効果の転移」を促進させることができるのでしょうか。

　この疑問を解決するためのヒントも，先述したコンピューターシミュレーション研究の中に隠されています。つまり，「向上した（変化した）筋力（もっと広義に捉えると体力）を使いこなすために最適な技術を身につけ直す作業」こそが，「トレーニング効果の転移」を促進させるための方法です。そして，最適な技術を身につけ直す作業というのは，要するに「練習」のことです。

　トレーニングによって向上した preparedness を競技力の向上に結びつけるために必要な「トレーニング効果の転移」というステップは，何か特別なことをする必要があるのではないか，という印象を持たれる方も多いでしょう。それなのに，「トレーニング効果の転移」を促進するために必要なのは練習であるといわれても，拍子抜けしてしまうかもしれません。しかし，「トレーニング効果の転移」の正体が「向上した（変化した）体力を使いこなすために最適な技術を身につけ直す作業」であると理解したうえで，最適な技術を身につける作業とは何なのかを突き詰めて考えていけば，それは練習であるという結論に自ずとたどり着きます。何も難しく考える必要はありません。

　とはいえ，「練習なんてすべてのアスリートがすでにやっていることだし，それでもトレーニングによる体力向上が競技力の向上に結びつかない場合だ

ってある」とモヤモヤした気持ちになる人もいるでしょう。たしかに，もし練習さえやっていれば「トレーニング効果の転移」がうまくいくのであれば，「トレーニング効果の転移」が失敗するはずがありません。そもそも練習をやらないアスリートなんていないわけですから。それにもかかわらず，現実的には，トレーニングがうまくいって体力が向上しても（たとえばスクワットの 1RM が向上した），競技力向上に繋がらないケースは多々見られます。この一見矛盾した状況は，どのように説明がつくのでしょうか。

まず，「トレーニング効果の転移」の正体が「**向上した（変化した）体力を使いこなすために最適な技術を身につけ直す作業**」であり，それはまさに**練習のことである**ということは間違いありません。しかし，何でもかんでも練習さえやっていれば最適な技術を身につけ直すことができるのかといえば，必ずしもそうではありません。たとえば，ただ漫然と競技動作を繰り返すような練習では不十分です。

では，具体的に「どのように」練習をすれば「トレーニング効果の転移」を促進させることができるのでしょうか。一言でいうと，「最適な技術を身につけ直すように」練習をすることです。もっと詳しくいうと，頭を使って工夫をしながら，どうすれば体力の変化に合わせて最適な技術を身につけ直すことができるのかを考えながら練習をするということです。この「頭を使って工夫をする」というのがポイントです。つまり，「**トレーニング効果の転移**」を促進するための最適な手段は，「**頭を使って工夫をしながら練習すること**」なのです。

●「トレーニング効果の転移」を促進するための最適な手段は，頭を使って工夫をしながら練習すること。

5-3-3 「トレーニング効果の転移」を促進するのは誰の役割？

頭を使って工夫をしながら練習をして最適な技術を身につけ直すために

は，「その競技における優れた動きのメカニズム」を理解しておくことが必要です。どのような動きを目指せば競技力向上に繋がるのかを把握できていなければ，どれだけ練習をしても無駄になってしまいます。また，目指す動きと現状の間にどのようなギャップがあるのかを見極め，そのギャップを埋めるためにはどのような練習をするのが最適なのかを見抜く力も必要になります。

そのような知識やスキルを持っていて，アスリートの技術向上を導くことができるのは競技コーチです。そして，それを実際にやるのはアスリート本人です。技術指導ということになると，私のようなS&Cコーチの専門分野ではありません。

だからこそ，私は競技の「技術」のことやそれを向上させる手段である「練習」については，基本的に口を出さないようにしています。あくまでも，S&Cコーチとしての役割はpreparednessを向上させるところまでであり，そこから先の「トレーニング効果の転移」については，基本的には競技コーチとアスリートの役割だと考えています。S&Cコーチとして，「トレーニング効果の転移」というステップの存在を認識しておくことは重要ですが，それを実現させるのはあくまでも競技コーチとアスリートなのです。

「トレーニング効果の転移」に関してS&Cコーチにできることといえば，トレーニングをして体力（≒preparedness）を向上させれば競技力も自動的に向上するわけではなく，その間には「トレーニング効果の転移」というもう1ステップが必要なので，それを促進するために，頭を使って工夫をしながら練習してもらうよう，競技コーチやアスリートに伝えることくらいです。

以上のような説明をして，S&Cコーチの役割はpreparednessを向上させるところまで，と線を引いてしまうと，「トレーニングをして体力が向上しても競技成績として結果が出なかったら，競技コーチとアスリートのせいにするのか！　そんなの無責任だ！」という批判を受けることがあります。第3章で説明したように，トレーニングを実施する究極の目的は「勝つ」ことです。したがって，勝利という結果が出なければ，その責任の一端はト

レーニングを指導するS&Cコーチにもあることは間違いありません。「S&C
コーチの役割はpreparednessを向上させるところまで」とはいっても，競
技成績という結果に対する責任を放棄しているわけではありません。

　また，感情的にも，トレーニングをして体力を向上させて「ハイ終わり」
という気持ちは一切なく，トレーニングを指導しているアスリートやチーム
にはぜひとも向上した体力を結果に繋げて勝ってもらいたい，と強く願って
います。

　しかし，そのような責任論や感情論と，専門家としての役割の範囲とは，
冷静に分けて考える必要があります。そこがゴチャ混ぜになっていると，
S&Cコーチが専門ではない技術のことや練習のことにまで口出しをしてし
まい，逆にアスリートにとって不利益になってしまう恐れがあります。

　責任論や感情論という点では，アスリートやチームの勝ちに貢献したいと
いう熱い気持ちを持ちつつも，S&Cコーチとしての自分の役割の限界を認
識し，自分に与えられた役割の範囲内で100%の努力をするのが真のプロフ
ェッショナルの姿だと思います。そして，S&Cコーチとしての役割の範囲
やその限界を明確に理解するためには，本章で説明している「トレーニング
が競技力向上に繋がるまでのプロセス」という全体像を把握しておくことが
不可欠なのです。

●● 5-3-4 「トレーニング効果の転移」の時間的遅延

　「トレーニング効果の転移」を促進するための最適な手段は，頭を使って
工夫をしながら練習することであると説明しましたが，もう1つ「トレー
ニング効果の転移」について知っておくべきことがあります。それは，「**ト
レーニング効果の転移」には時間がかかる**ことがあるという点です。つまり，
トレーニングによって体力が向上してから，「トレーニング効果の転移」と
いうもう1ステップを経て競技力の向上に結びつくまでには，「時間的遅延
（lag time）」が生じうるのです[63]。

　たとえば，ゴルフ選手が試合当日の朝に目を覚ましたら，筋力が突然向上
していて，ショットの飛距離がいつもの1.5倍に伸びていたとします。単純

「トレーニング効果の転移」に S&C コーチが直接介入できる場合

　本文中でも説明したとおり，「トレーニング効果の転移」を促進するための最適な手段は，頭を使って工夫をしながら練習をすることです。そして，それを実行するのは競技コーチとアスリートの役割です。S&C コーチとしての専門の範疇は超えているので，原則として，私は余計な手出し口出しは避けるよう心がけています。

　その一方で，S&C コーチが直接「トレーニング効果の転移」に介入できる例外があります。それは，走る・曲がる・止まるといったスポーツにおける基本的な動きの技術（＝ムーブメントスキル）を指導する場合です[73]。

　たとえば，バスケットボールのチームを指導するような場合，ドリブル，シュートなどボールを使ったバスケットボールの動きを S&C コーチが指導することはまずありません。それは，競技コーチの役割です。しかし，ボールを使わないで走る・曲がる・止まるといった一般的な動き，つまり「ムーブメントスキル」については，しばしば S&C コーチが指導することが求められます。そのような場合には，身体に負担が少なく（＝健全で）効率のよい身体の動かし方を指導することで，「トレーニング効果の転移」を促進させることに，S&C コーチが直接貢献することができます。

　この「ムーブメントスキル」の指導を通じて，S&C コーチが「トレーニング効果の転移」の部分に直接介入できるかどうかは，競技によっても異なりますし，チーム事情や競技コーチの方針によっても変わってくるでしょう。バスケットボール・サッカー・ラグビーなどの球技系競技においては，S&C コーチが「ムーブメントスキル」の指導を通じて「トレーニング効果の転移」の部分に直接介入できるケースは多いように感じます。ただし，それらの球技系競技であっても，そのチームを指導している競技コーチが，ボールを使った技術だけでなく「ムーブメントスキル」も指導できるのであれば，あえて S&C コーチが介入する必要はありません。

　とはいえ，S&C コーチとして「トレーニング効果の転移」を促進させる部分に直接介入できる機会があった場合に備えて，「ムーブメントスキル」の指導技術を磨いておいて損はないでしょう。もしそのような機会があれば，ウエイトトレーニングの効果を競技力向上に繋げることができる（＝「トレーニング効果の転移」を促進する）可能性が高まりますし，そうすれば競技コーチやアスリートからの評価や信頼も得やすくなります。また，「ムーブメン

トスキル」について学んだり，実際に指導したりする経験を通じて，ウエイトトレーニングの役割や「トレーニング効果の転移」についての理解を深めることにも繋がります。

計算で考えると，通常はグリーンオンに３打かかっていたところが２打で済むようになるので，競技成績アップに繋がりそうな気がします。しかし実際には，急に筋力が向上してショットの飛距離が1.5倍に伸びていたら，短い距離のショットを打つ時の力の加減が難しくなり，いつもと同じ感覚で打ってしまうとグリーンをオーバーしてしまったりして，その日の試合のパフォーマンスが逆に低下してしまう恐れがあります。「トレーニング効果の転移」に必要とされる「技術の調整」は，短時間で実現させることは難しいのです。

　しかし，このゴルフ選手が，その後，数週間から数ヵ月間にわたって練習を積み重ね，向上した筋力やショットの飛距離をうまく使いこなせるように，最適な技術を新たに身につけ直すことさえできれば，競技成績は徐々に上がっていくはずです。つまり，「トレーニング効果の転移」の正体である「向上した体力を使いこなすために最適な技術を身につけ直す作業」には時間がかかるのです。体力が向上したからといって，すぐに使いこなせるようになるわけではありません。結果として「トレーニング効果の転移」には時間がかかる，つまり「時間的遅延」が生じるわけです。

　実際には，前述したゴルフ選手の例のように，体力が急激に向上することはありませんし，アスリートはトレーニングと並行して練習も実施しているので，「トレーニング効果の転移」に極端に長い時間がかかってしまうケースはそれほど多くはないかもしれません。トレーニングを実施して体力が少し向上したら，それを使いこなすために練習をして技術の微調整をする，ということをアスリートは日常的に繰り返しているはずです。

　しかし，たとえば，若い成長期のアスリートであれば，トレーニングをす

ると短期間でも体力が大きく向上することがあるので，比較的体力レベルが安定しているベテラン選手と比べると，技術の調整が難しくなり，「トレーニング効果の転移」の実現により長い時間がかかってしまう可能性があります。そして場合によっては，その過程で一時的に競技力低下が起こることも考えられます。

　また，1年の中でも試合のないオフシーズン期間中は，トレーニングに割くことのできる時間やエネルギーが多く，そのぶん体力向上効果も高いため，「トレーニング効果の転移」に時間がかかってしまう可能性は高いでしょう。一方，シーズン中は，体力レベルが比較的安定しているのに加えて，試合や練習で競技動作を繰り返し実施する機会も多いので，「トレーニング効果の転移」は比較的順調に進みやすいはずです（頭を使って工夫して練習することが前提です）。つまり，理屈上は，シーズン中のほうが「トレーニング効果の転移」にかかる時間は短いと考えられます。

　さらに，向上させようとしている競技動作の複雑さによっても，「トレーニング効果の転移」の実現に必要な時間の長さが変わる可能性があります。たとえば，その動作にかかわる関節や筋肉の数が少ない単純な動きであれば，体力の向上に合わせて最適な技術を身につけ直すのは比較的容易です。「時間的遅延」はそれほど気にする必要がないでしょう。一方，全身を使って数多くの筋肉が動きの制御に関わっているような複雑な動作の場合，向上した体力に合わせて，そのポテンシャルを最大限に活かすように最適な技術を習得し直すためには，より長い時間が必要になると考えられます。

　トレーニングの成果により体力が向上しているにもかかわらず，なかなか競技力向上に結びつかないような状況においては，「トレーニング効果の転移」がうまくいっていない可能性だけでなく，「トレーニング効果の転移」は順調に進んでいるものの，時間がかかっているだけという可能性もあることを知っておくだけでも，大きな違いがあるはずです。「トレーニング効果の転移」における「時間的遅延」という考え方は，ぜひとも押さえておいてください。

5-3-5 「誤った競技特異的トレーニング」は「トレーニング効果の転移」を促進するか

すでに説明したとおり，「トレーニング効果の転移」を促進するための最適な手段は，頭を使って工夫をしながら練習することです。しかし，それを理解できていなかったり知らなかったりすると，誤って他の手段を選択してしまう恐れがあります。その「他の手段」の1つが，**誤った競技特異的トレーニング**」です。

たとえば，ウエイトトレーニングを実施してスクワットの1RMは向上したけれど，それが野球のピッチャーの球速アップに繋がらなかったという場合，スクワットの動きとピッチングの動きが似ていないのが原因に違いないと考えてしまい，スクワットをやめて代わりにピッチングの動きに「特異的な」エクササイズに変更してしまう，というのが典型的なパターンです。具体的には，バーベルを担いでピッチング動作を真似したり，通常の野球のボールよりも重いボールを使って投げる動作を鍛えたりするような形です。

そのような発想をする背景には，ウエイトトレーニングのやり方を競技の動きに近づけたほうが「トレーニング効果の転移」が促進される，もしくは「トレーニング効果の転移」というステップを飛ばしてトレーニング効果を競技力向上に直結させることができる，という（誤った）考え方があります。しかし残念ながら，そのような考え方はロジック（理屈）として成り立っていないし，私の知る限りでは，そうした考え方の妥当性を支持する科学的根拠

も存在しません。

　また，「誤った競技特異的トレーニング」のように，ウエイトトレーニングのやり方を競技の動きに近づけてしまうと，身体に加えることのできる外的負荷が小さくなることが多いので，結果として体力向上の効果が低下してしまいます（これは**「漸進性過負荷の原則」**で説明がつきますが，それについては次章で詳しく解説します）。体力を向上させるポテンシャルが下がってしまえば，結果として，ウエイトトレーニングが競技力向上に結びつく可能性はさらに低くなってしまうでしょう。

　「誤った競技特異的トレーニング」については，次章でも改めて取り上げて詳しく解説しますが，そもそもそのような発想をしてしまうキッカケとして，トレーニングをして体力が向上したにもかかわらず（前述の例でスクワット1RMが向上した），それが競技力向上に繋がらない（前述の例で球速がアップしない），という経験をすることが考えられます。そのような経験をした時に，トレーニングによる体力向上を競技力向上に繋げるためには「トレーニング効果の転移」というもう1ステップが必要である，ということを知っているかどうかで，次の選択肢が大きく変わってくるのです。知らなければ，「誤った競技特異的トレーニング」を選択してしまう可能性が高く，知っていればそのような誤った選択をしなくなります。

　適切な考え方を知っている，もしくは適切に物事を考えることができる，というのがいかに大切なのかがわかっていただけるのではないでしょうか。

5-4　ブラックボックスの振る舞いに影響を及ぼす要因

　ここまで，トレーニングという「入力」をしてから，それが最終的に「競技力」にたどり着くまでの一連のプロセスについて説明してきました。トレーニングという手段がどのようにして勝つこと，つまり競技力向上という目的達成に貢献できるのかについて，その全体像が少しずつ理解できてきたのではないでしょうか。

　この「トレーニングが競技力向上に繋がるまでのプロセス」の一連の流れ

の説明は以上です。ここからは，この一連のプロセスのさまざまな場所に影響を及ぼしうる要因について紹介します。その中でもとくに，「ブラックボックス」に影響を与えて，その振る舞いを変えうる要因を中心に，解説をします（**図5-7**）。

　トレーニングを実施して「入力」をすると，「ブラックボックス」を介して，プラスの出力である「フィットネス」とマイナスの出力である「疲労」が出てきます。この「フィットネス」と「疲労」の急性の変化量の大きさは，一般的には「入力」の大きさによって決まります。つまり，軽めのトレーニングを実施する場合のように「入力」が小さいと，「フィットネス」の向上も比較的小さく，「疲労」の蓄積も小さいものになります。一方，負荷の高いトレーニングを実施して「入力」を大きくした場合，「フィットネス」が大きく向上する一方で「疲労」の蓄積も大きくなります。

　「入力」の大きさに比例して「フィットネス」と「疲労」の急性の変化量の大きさが決まるという傾向は原則として変わりませんが，その一方で，まったく同じ大きさの「入力」をしても，出てくる「出力」の大きさが変わることがあります。たとえば，チーム競技において，チーム全体がまったく同じ内容のトレーニングを実施しているにもかかわらず（＝「入力」はまったく同じ），フィットネスが大きく向上するアスリートもいれば，それほど大

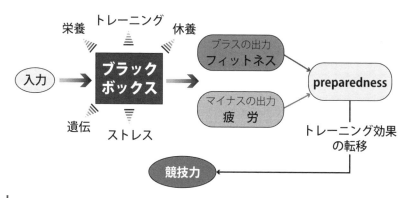

図5-7　ブラックボックスの振る舞いに影響を及ぼす要因

きく伸びないアスリートがいたりします（＝「出力」の大きさに個人差がある）。つまり，アスリートによって「ブラックボックス」の振る舞いに違いがあるということです。また，同じアスリートがまったく同じ内容のトレーニングをしても，疲労が大きく溜まる時もあれば，それほど溜まらない時もあります。つまり，同一のアスリートであっても「ブラックボックス」の振る舞いが毎回まったく同じとは限らないということです。

　トレーニングという「入力」をした時に，どの程度の大きさの「出力」が出てくるのか，つまり「ブラックボックス」の振る舞いに影響を及ぼすと考えられる要因はいくつかあります。

　① トレーニング歴
　② 栄養
　③ 休養
　④ ストレス
　⑤ 遺伝

① トレーニング歴

　「ブラックボックス」の振る舞いに影響を及ぼす要因の1つが「トレーニング歴」です。たとえば，まったく同じ内容のトレーニングをしていても（＝「入力」がまったく同じでも），ウエイトトレーニングを始めて間もない初級者とウエイトトレーニングを10年以上も継続している上級者とでは，プラスの出力である「フィットネス」の向上率が大きく異なるというのは，何となく想像がつくと思います。もっと具体的にいうと，まったく同じ「入力」をしたとしても，ウエイトトレーニング初級者のほうがプラスの出力である「フィットネス」は大きく向上し，上級者は「フィットネス」が少ししか向上しないということです。ウエイトトレーニング初級者がスクワットの1RMを最初の数ヵ月で30 kg以上伸ばすことは十分ありえますが，上級者が数ヵ月でスクワットの1RMを30 kgも伸ばすのは至難の業でしょう。

　トレーニング歴が長くなると，**同じトレーニングをしていても体力向上が**

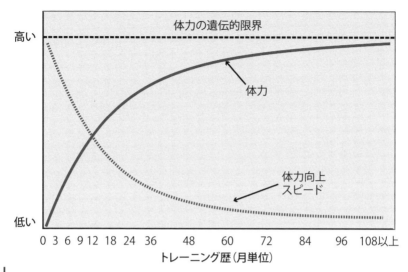

図 5-8 principle of diminishing returns（文献 61 より引用）

次第に難しくなる現象を，英語で「**principle of diminishing returns**」と
呼ぶことがあります[61]。体力を向上させることのできる遺伝的な限界（ま
たはポテンシャルの上限）が存在すると仮定すると，体力レベルがその限界
に近づくにつれて「伸びしろ（window of adaptation）」が減っていき，ト
レーニングという投資をしたことに対する見返り（return）としての体力向
上効果が小さくなっていくことを指した言葉です（**図 5-8**）。

　スポーツを始めたばかりの時は，練習をすればするだけそのスポーツがう
まくなって競技成績もどんどん向上したのに，5 年，10 年と続けていると，
ほんの少しパフォーマンスを向上させるにも多くの時間と労力が必要にな
る，という経験をしたことのあるアスリートは多いと思います。それと同じ
ような現象が，トレーニングによる体力向上にも起こるのです。

　トレーニング歴がブラックボックスの振る舞いに影響を及ぼすということ
を把握しておけば，目の前のアスリートがどの程度の体力の伸びを示すかを
ある程度予想したり，現実的な目標設定をしたりすることが可能になります。
たとえば，ウエイトトレーニングを 10 年以上継続して実施しているアスリ

ートのスクワットの1RMを3ヵ月で20 kg向上させようという目標は実現が難しいことがわかるはずですし，それが実現できなかったとしても慌てる必要はないでしょう。一方，ウエイトトレーニングを始めたばかりの初心者がスクワットの1RMを3ヵ月で20 kg向上させるのは十分実現可能な目標ですし，それが達成できなかった場合は，何かしら問題があったのではないかと考えて，プログラムの内容などを検討したほうがよいかもしれません。

　また，トレーニング歴がブラックボックスの振る舞いに影響を及ぼすということを知っていれば，「トレーニング歴に応じてウエイトトレーニングの内容を変える」という発想にもなります。ウエイトトレーニング初級者と上級者がまったく同じ内容のプログラムを実施する必要はなく，むしろ，それぞれにとって最適なトレーニングの内容は異なってしかるべきなのです。たとえば，ウエイトトレーニング初級者向けのプログラムでは内容をできるだけ単純にして，後述する「漸進性過負荷の原則」に基づいて挙上重量をセッションごとに2.5～5 kgずつどんどん増やしていくようなやり方が最適かもしれません[61]。ウエイトトレーニング初級者には伸びしろが残っていて体力向上のスピードも速いので，単純に「前回よりも少し重い重量を持ち挙げる」ということを繰り返すことが，体力向上にとっては近道である可能性は高いでしょう。一方，トレーニング歴10年以上のベテランには，それと同じやり方は通用しません。伸びしろが小さくなっていて体力向上のスピードも遅くなっているので，挙上重量をセッションごとに増やしていくことは非現実的だからです。トレーニング歴が長い上級者の場合は，トレーニングプログラム作成において，初級者がセッションごとに増やしているのと同じだけの挙上重量（前述の例で2.5～5 kg）を，より長い時間（たとえば1週間，1ヵ月）かけて増やしていくような工夫が必要になります。

　ここで1つ勘違いをしないようにしておくべきことがあります。それは「**トレーニング歴と競技レベルは別物である**」ということです。「トレーニング歴」がブラックボックスの振る舞いに影響を及ぼすので，アスリートの「トレーニング歴」を把握したうえで，それに合わせて適切なトレーニングの内容を選択する必要があることは間違いありません。その一方で，ここで言及して

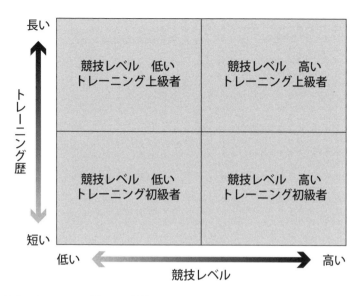

図 5-9 トレーニング歴 vs. 競技レベルのマトリックス

いる「トレーニング歴」というのは，あくまでも体力向上を主目的とするト
レーニングに関しての経験年数のことを指しているのであって，アスリート
の「競技レベル」とはまったく関係ありません。競技レベルは低いけれども
トレーニング歴が長いアスリートもいれば，競技レベルは高いけれどもトレ
ーニング歴が短いアスリートもいるのです（**図 5-9**）。

　したがって，体力向上を主目的とするトレーニングの内容を決める時には，
「競技レベル」ではなく「トレーニング歴」に基づいて考えることが大切で
す。たとえば，オリンピック出場経験があるようなアスリート（＝「競技レ
ベル」が高いアスリート）であっても，ウエイトトレーニングをこれまであ
まりやっていなかったとしたら「トレーニング歴」は短いので，それに合わ
せて初級者向けの内容のトレーニングを提供することが最適な結果に繋がり
ます。「オリンピックに出場するような競技レベルの高いアスリートだから，
トレーニングもレベルの高いものを提供しなくては！」と考えてしまい，上
級者向けのトレーニング（たとえば強度が高い，量が多い，エクササイズの

難易度が高い）をいきなり提供してしまうと，逆に最適なトレーニング効果を引き出すことが難しくなってしまう恐れがあります。

　とはいえ，アスリートの「競技レベル」はまったく関係がない情報だから無視してもよいというわけではありません。「トレーニングの内容（＝入力）」については「トレーニング歴」に基づいて決定するべきですが，アスリートの「競技レベル」も考慮に入れておくことは，コーチングの観点から考えると非常に大切です。たとえば，競技レベルが高いアスリートの場合，その技術は高度に洗練されているはずですが，そのようなアスリートのトレーニング歴が短い場合，適切なトレーニングを実施することで短期間でも体力が大きく向上する可能性があります。「トレーニング効果の転移」の概念を用いて説明したように，体力が向上する（＝体力が変わる）と，最適な技術も変わるため，新たに最適な技術を身につけ直す必要があります。もともと技術が高度に洗練されていた競技レベルの高いアスリートの体力が短期間で大きく変わってしまうと，技術の再調整（＝トレーニング効果の転移）が難しくなったり時間がかかったりする可能性があり，結果として，一時的にパフォーマンスが低下することも考えられます。そのような可能性をS&Cコーチとして把握しておき，アスリート本人や競技コーチに事前に伝えておくことが大切です。そのようなコミュニケーションをしっかり図ることで，たとえ一時的なパフォーマンス低下が見られたとしても，長期的なメリットを見据えてトレーニングを継続してもらえる可能性が高まり，トレーニング効果を「勝つ」という最終目標に結びつける確率を高めることができます。

　また，競技レベルが高いアスリートの場合，競技における自らの実績に対してプライドがあります。そのようなアスリートに対して，トレーニング歴が短いからといって，初級者向けの初歩的なトレーニングを指導すると，プライドを傷つけてしまう恐れがあります。たとえそれが本人にとって最適な選択であったとしても。そうしたことを避けるためには，なぜ初歩的なトレーニングをやるのか，なぜそれが最適なのかを丁寧に説明する必要があります。

　以上のように，トレーニングの内容は「トレーニング歴」に基づいて決定

するべきですが，アスリートや競技コーチとコミュニケーションを図り，円滑にトレーニングを進めるためには，アスリートの「競技レベル」を把握しておくことは非常に大切です。

② 栄養

　まったく同じ内容のトレーニングをしていても（＝「入力」はまったく同じ），栄養を適切にとれているかどうかによって，得られる「出力」は変わります。つまり「栄養」がブラックボックスの振る舞いに影響を及ぼすわけです。

　たとえば，たんぱく質を摂取することで，筋肥大，筋力向上などウエイトトレーニングの効果が高まることが研究によっても裏づけられています[52]。また，たんぱく質以外にも，クレアチンや必須アミノ酸などのさまざまなサプリメントが，ウエイトトレーニングの効果を高めるのに有効であるというエビデンスが発表されています[39]。したがって，実際に「栄養」という要因がブラックボックスの振る舞いに影響を与えることには，科学的にも根拠があるといえます。

　ちなみに，スポーツ科学の分野では，サプリメントの効果を調べる研究が注目を集める傾向があり，発表されている論文の数も多いので，栄養がブラックボックスの振る舞いに影響を及ぼすことを示すわかりやすいエビデンスとして，サプリメントに関する研究結果をまとめたレビュー論文を引用して紹介しましたが，あくまでも栄養の基本は「食事」です。**適切な内容の食事をして必要な栄養を摂取することを心がけたうえで，足りないものを補うのがサプリメントの役割**です。このことは勘違いしないようにしてください。

　一般的に，体力を向上させるためにはトレーニングだけでは不十分であり，「トレーニング」「栄養」「休養」の3つが揃って，初めて最適な体力向上効果を得ることができるといわれます。これはまさにそのとおりで，トレーニングの内容に注意を払うのと同じくらい，栄養にも十分注意を払うことが大切です。せっかく同じ内容のトレーニングをしても，十分な量の栄養を適切なバランスで摂取できていないためにトレーニング効果が下がってしまうと

いうのは，非常にもったいないことです。どうせ時間と労力をかけて，時として キツく苦しいトレーニングをやらないといけないのであれば，その効果を最大限に高めるためにも，栄養面についても十分な注意を払いたいものです。

　また，本項では「ブラックボックスの振る舞いに影響を及ぼす要因」として栄養の重要性に触れましたが，栄養はそれ以外の部分にも影響を及ぼします。たとえば，栄養をしっかりととれていれば，より質の高いトレーニングをより多くの量こなせる可能性が高まるので，栄養は「入力」の部分にも影響を及ぼします。その結果として，体力向上効果も高まります。さらに，適切な栄養摂取をすることで疲労回復を早めることができる，つまりマイナスの出力である「疲労」の変化の速度にも影響を与える可能性があります[10]。疲労回復を促進して preparedness がより高い状態で次のトレーニングを実施できれば，「入力」の部分にも間接的に影響を与えることが可能になります。また，適切な栄養摂取により疲労回復が早まれば，preparedness がより高い状態でより質の高い練習を繰り返すことができることになるので，「トレーニング効果の転移」の部分にも間接的に貢献できるはずです。

　したがって，栄養はブラックボックスの振る舞いに限らず，「トレーニングが競技力向上に繋がるプロセス」のさまざまな部分にポジティブな影響を与えることができる可能性が高いので，やはりトレーニングの内容と同じように重要視する必要があります。

③ 休養

　体力を向上させるには「トレーニング」「栄養」「休養」の３つが必要であることはすでに説明しました。休養がしっかりととれているか，それとも疲労が蓄積しているかで，まったく同じトレーニングをしても（＝「入力」がまったく同じ），得られる「出力」は変わります。つまり，ブラックボックスの振る舞いに「休養」が影響を及ぼしうるのです。

　たとえば，大学生のバスケットボール選手が５〜７週間にわたり睡眠時間を増やしただけで，スプリントタイムやシュート成功率，反応時間などが

改善されたと報告している研究があります[43]。つまり，睡眠時間を確保して休養をしっかりとることが，ブラックボックスの振る舞いに影響を及ぼし，同じ内容の練習・トレーニングをしていても（＝同じ「入力」をしても），「出力」であるpreparednessが変わる（増える）可能性があることが示唆されているのです（ただし，この研究[43]は，研究デザインの問題により，観察されたパフォーマンス向上が必ずしも睡眠時間を増やしたことによってもたらされたとはいい切れないので，あくまでも「可能性」を示唆するデータとして捉えておいてください）。

　また，「栄養」と同様に，「休養」が影響を及ぼしうるのは，ブラックボックスの振る舞いだけに限定されません。たとえば，休養がしっかりとれていると，あるいは休養を促進するようなリカバリー手段（冷水浴，コンプレッションタイツなど）を用いると，マイナスの出力である「疲労」の変化の速度に影響を与え，疲労回復が早まることが期待できます[66]。疲労回復が促進されればpreparednessも高まり，トレーニングの質や量を高めることができるので，休養は間接的に「入力」の部分にもポジティブな影響を及ぼすことが可能です。また，疲労回復が早まってpreparednessが高まれば，より質の高い練習を繰り返すことができるので，「トレーニング効果の転移」も促進されます。

　このように「休養」は「トレーニングが競技力向上に繋がるプロセス」のさまざまな部分にポジティブな影響を及ぼすことができるので，「トレーニング」「栄養」と同じように重視すべき大切な要因です。

　ただし，「休養」に関して，1つ注意が必要な点があります。休養を促進するようなリカバリー手段を用いると「トレーニングが競技力向上に繋がるプロセス」のさまざまな部分にポジティブな影響を及ぼしうると述べましたが，その一方で，ネガティブな影響を及ぼす恐れがあることも報告されています。とくに，ウエイトトレーニングの直後に「冷水浴」を実施すると，短期的には疲労回復が促進されるものの，長期的にみると筋肥大や筋力向上などのトレーニング効果が阻害されることが，近年の研究によって明らかになりつつあります[8]。つまり，「冷水浴」というリカバリー手段をウエイトト

レーニング直後に用いると，プラスの出力である「フィットネス」の向上に
マイナスの影響を及ぼしうるのです。

　現時点で，そのようなネガティブな影響が報告されているのは，私の知る
限りでは，「冷水浴」をウエイトトレーニング直後に使用した場合に限られ
ます。しかし，他のリカバリー手段を使った場合にも，ポジティブな効果だ
けでなくネガティブな影響が存在する可能性はあります。したがって，とく
にウエイトトレーニング直後にリカバリー手段を用いる場合には，その手段
を慎重に選択する必要があります。

④ ストレス

　「ストレス」がある状態とない状態とでは，まったく同じトレーニングを
しても（＝「入力」がまったく同じ），得られる「出力」は大きく変わります。
つまり，「ストレス」がブラックボックスの振る舞いに影響を及ぼすわけです。
競技の練習やトレーニングも身体にとってはストレスであり，そのようなス
トレス（もしくはストレッサー）は適応を引き起こして体力を向上させるた
めには必要なものです。しかし，ここで言及している「ストレス」は，競技
の練習やトレーニング以外のストレス，つまり，私生活や学業，仕事などに
おけるストレスを指しています。

　たとえば，学生アスリートの場合，期末試験などに向けて勉強をしないと
いけないというのは，大きなストレスです。試験勉強期間中は，たとえ通常
と同じような練習やトレーニングをしていたとしても，フィットネスがあま
り向上しなかったり，疲労がいつも以上に蓄積したりします。つまり，学業
のストレスによってブラックボックスの振る舞いが変わる可能性があるので
す。同様に，恋人と別れた，幼い子どもが夜泣きする，家族が病気で看病し
ないといけない，家族と死別した，仕事が忙しいなども，大きなストレスで
す。そうしたストレスの有無によって，まったく同じ内容のトレーニング（＝
「入力」）をしても，得られる「出力」が変わりうるのです。実際に，私生活
関連のストレスが少ないほうが，ウエイトトレーニングによる筋力向上効果
が高くなる可能性を示唆する研究結果も存在します[3]。

　練習やトレーニングによるストレス（またはストレッサー）とは異なり，私生活や学業，仕事などによるストレスは，プラスの出力であるフィットネスを高める効果は期待できません。その一方で，マイナスの出力である疲労の蓄積（＝急性の変化量）やその回復（＝変化の速度）には（悪い意味で）貢献してしまう恐れがあります[64, 65]。つまり，ストレスはブラックボックスの振る舞いだけでなく，マイナスの出力である疲労にも直接影響を及ぼしうるのです。マイナスの出力である疲労が増えれば，プラスマイナスの合計である preparedness は低下し，preparedness が低下すると練習やトレーニングの質の低下に繋がり，「入力」や「トレーニング効果の転移」などの「トレーニングが競技力向上に繋がるプロセス」の他の部分にまで悪影響を及ぼしてしまいます。さらに，疲労が大きく蓄積している状態では，ケガや病気のリスクが高まる恐れもあるでしょう。

　したがって，疲労が過剰に蓄積してしまうのを避けるためには，練習やトレーニングだけでなく，私生活や学業，仕事も含めた「ストレス」の総和をマネジメントするという考え方が大切になります。たとえば，学生アスリートを指導する立場であれば，あらかじめ試験のスケジュールをチェックしておき，試験勉強期間中には練習やトレーニングの負荷を減らし，ストレスの総和が増えすぎないようにするなどの配慮が必要になるでしょう。もし，ストレスの総和をコントロールするために，試験勉強期間中には練習やトレーニングの負荷を減らさざるをえないということが事前にわかっているのであれば，その直前の時期には意図的に練習やトレーニングの負荷を増やして強化を図り，試験勉強期間は蓄積した疲労を取り除くためのリカバリー期間とわりきって，練習やトレーニングの負荷を減らしてしまう，というやり方もできます。

　ただし，私生活や学業，仕事によるストレスは，試験のように事前に把握して計画を立てることができるものばかりではありません。むしろ，事前に予想できず，突然発生したり，急に大きくなったりするようなストレスのほうが多いでしょう。そのようなストレスの場合は，その都度，ストレスの総和や疲労状態を把握しながら，練習やトレーニング内容を調整するという対

⑤ 遺伝

　「ブラックボックス」の振る舞いに影響を及ぼす要因として，まっ先に思い浮かべるのは「遺伝」かもしれません。まったく同じ内容のウエイトトレーニングを実施していても，筋力がどんどん向上して筋肉も太くなりやすいタイプのアスリートもいれば，その一方で，なかなか筋力向上や筋肥大に結びつかないアスリートもいることは，経験的にも広く知られています。後者のタイプのアスリートは，「ハードゲイナー」と呼ばれることもあります。もちろん，「ブラックボックス」の振る舞いには，遺伝以外にも，ここまで紹介したトレーニング歴・栄養・休養・ストレスなどの要因も影響を及ぼしうるので，「ハードゲイナー」と周りから呼ばれていたり自身で思い込んでしまっていたりするアスリートであっても，実は他の要因のせいでトレーニング効果が出ていないだけという可能性もあります。とはいえ，やはり，栄養や休養などに細心の注意を払っているにもかかわらず，トレーニングをやってもなかなか体力向上に結びつかないアスリートもいれば，その一方で，夜ふかしもするし食べたいものを好きなだけ食べているにもかかわらず，トレーニングを実施してどんどん体力を向上させることができるアスリートがいることも事実です。そのような差は，遺伝の影響以外には説明がつかないようにも思えます。

　しかし現状では，遺伝が「ブラックボックス」の振る舞い，つまりウエイトトレーニングを実施した時の筋力向上や筋肥大効果の大小に影響を及ぼすかどうかについて，科学的にはっきりとした結論は出ていないようです[40]。遺伝がウエイトトレーニング効果の大小に影響を及ぼすと報告している研究もあれば，影響を及ぼさないと報告している研究もあります。もしかしたら，一般的に考えられているほど，ウエイトトレーニング効果の大小に対する遺伝の影響は大きくないのかもしれません。あるいは，実際に遺伝の影響は大きいものの，現時点では，その遺伝を科学的に調べられるだけの技術や知識を持ち合わせていないだけかもしれません。

どちらにせよ，本項で紹介した栄養・休養・ストレスなどの要因とは異なり，遺伝というのはアスリート本人や周りの人の努力で変えることはできません。遺伝がブラックボックスの振る舞いに影響を及ぼす可能性があることは知識として押さえつつ，コントロールできないことを気にしすぎずに，コントロールできる他の要因（適切なトレーニング計画を立てる，一生懸命トレーニングに励む，よく食べる，よく眠るなど）に焦点を当てたほうが「勝つ」という最終目標に近づけることは間違いないでしょう。

5-5 体力以外に競技力に影響を及ぼす要因

ここまでで，本章のテーマである「トレーニングが競技力向上に繋がるまでのプロセス」は完成です。トレーニングという「入力」をしてから，それが最終的に「競技力向上（＝勝つこと）」に繋がるまでの一連の流れと，そのプロセスのさまざまな場所に影響を及ぼしうる要因について知ることで，「トレーニングが競技力向上に繋がるまでのプロセス」の全体像が見えてきたと思います。そして，適切なトレーニングを実施して preparedness を向上させたうえで，頭を使って工夫をしながら練習をして「トレーニング効果の転移」を促進させれば，競技力が向上し，「勝ち」に繋がるに違いないと思われたはずです。

たしかに，トレーニングを競技力向上に繋げるためには，この一連のプロセスが重要であることは間違いありません。しかし，この一連のプロセスがうまく進んだとしても，必ずしも「勝ち」という結果が出るとは限りません。なぜなら，ここまで説明してきたのは，あくまでも体力面についての議論にすぎず，実際の競技力にはそれ以外にもさまざまな要因が影響を及ぼすからです。

たとえば，昔からよく使われる「心・技・体」という言葉があります。武道やスポーツの世界でよく使われる言葉で，最大のパフォーマンスを発揮するために必要な要素を説明したものです。この「心・技・体」という言葉だけを見ても，「体力」は競技力を構成する要素のうちの１つにすぎないとい

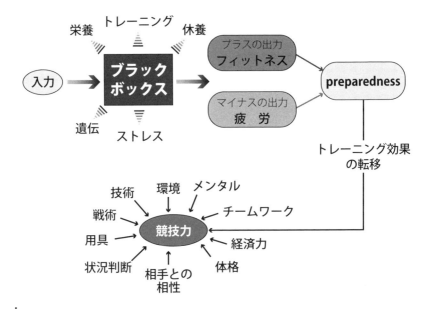

図 5-10 体力以外に競技力に影響を及ぼす要因

うことがわかるでしょう。

　実際には，さらに多くの要因が競技力に影響を及ぼしています。たとえば，簡単に思いつくだけでも以下のようなものがあげられます（**図5-10**）。

- メンタル（＝心）
- 技術（＝技）
- 体力（＝体）
- 環境
- チームワーク
- 経済力
- 体格
- 相手との相性
- 状況判断

- 用具
- 戦術

　したがって，トレーニングによる体力強化というのは，競技力向上に貢献しうる数ある要因のうちの1つにすぎない，という視点をもっておくことも大切です。トレーニングをして体力が向上して「トレーニング効果の転移」がうまくいっても負けてしまうこともあれば，トレーニングが失敗して体力が向上しなくても勝ててしまうこともあるのです。

　このような視点が欠けていると，たとえば「勝つ」という結果を出しているアスリートやチームがやっているトレーニングは正しいに違いないと思い込んでしまい，深く考えることなく，すぐに真似をしてしまうことがあるかもしれません。もしかしたら，結果を出しているアスリートやチームは，適切なトレーニングをやっているおかげで勝てているのではなく，体力面以外が優れているために，不適切なトレーニングをやっているにもかかわらず勝ててしまっているのかもしれないのです。

　また，トレーニングによる体力強化が，競技力向上に貢献しうる要因のうちの1つにすぎないという視点が欠けていると，「勝つ」という結果が出なかった時に，トレーニングのやり方（＝入力）が悪かったのが原因に違いないからやり方を変えなければ，という短絡的な結論を出してしまう恐れがあります。実際にトレーニングのやり方に問題がある場合は，そのやり方を変えれば競技力にポジティブな影響が現れる可能性はあります。その一方で，トレーニングのやり方は適切だったにもかかわらず，体力面以外の部分が原因で結果が出なかったのであれば，トレーニングのやり方を変えても問題の解決には繋がりません。むしろ，適切だったはずのトレーニングのやり方を変えてしまうと，逆に競技力にとってマイナスになってしまい，「勝つ」という目標からさらに遠ざかってしまう恐れさえあります。したがって，トレーニングを実施しても「勝つ」という結果に繋がらなかった時に，トレーニングのやり方（＝入力）そのものに問題がなかったかどうかを振り返って検証することは大切ですが，その際には，競技力に影響を及ぼす体力以外の要

因も含めて広い観点から慎重に検討することが重要です。

　最後に，**体力以外にもさまざまな要因が競技力に影響を及ぼすので，トレーニングだけうまくいったとしても勝ちに繋がるとは限らない**，ということは事実です。だからといって，トレーニングなんてやっても意味がないというわけではありません。そもそも，トレーニングに限らず，「これだけをやっておけば（これだけがうまくいけば），必ず勝ちに繋がる」というようなものは存在しません。たとえ，アスリートにとって最も重要な練習であっても，それだけをやっていれば勝てるというものではありません（一部の天才を除き）。あらゆる要因が少しずつ競技力に貢献し，その総合力が最終的に競技力を決定するのです。その1つひとつをないがしろにしていては，「勝つ」ことは不可能です。

　たとえば，練習・トレーニング終了後できるだけ早く食事をとる，睡眠時間を確保する，映像で対戦相手を分析する，などの行動は，それだけをやったからといって「勝ち」に繋がるわけではありませんが，やることで1歩ずつ「勝ち」に近づくことができる類のものです。そうしたさまざまな要因を1つひとつ積み上げることでしか，「勝つ」という最終目標にたどり着くことはできません。

　したがって，本項では「トレーニングは競技力に貢献するさまざまな要因のうちの1つに過ぎない」という見方を紹介しましたが，トレーニングの重要性を否定しているわけではありません。トレーニングによる体力強化が競技力に貢献しうる主要な要因であることは間違いないので，最適なトレーニングを実施するためにはどうしたらよいのかをトコトン考えることには大きな意味があります。そこは安心して取り組んでください。

6

トレーニングの原則

　ウエイトトレーニングに限らず，体力向上を主目的とするトレーニングについて解説する時には，「トレーニングの原理・原則」なるものが紹介されることが一般的です。それらはトレーニング理論における基礎的法則として，多数の文献の中で記述されていますが，「トレーニングの原理・原則」の個々の項目については，著者や研究者の捉え方が多様で，統一された法則として記述されているとはいえないのが現状です [76]。例をあげるだけでも「可塑性」「低減性」「適時性」「特異性」「過負荷」「漸進」「反復」「個別」「専門」「全面」などの「原理・原則」があります [76]。

　そのような「トレーニングの原理・原則」の中から，本書では以下の3つを取り上げて，詳細に解説をします。

- 漸進性過負荷の原則
- 特異性の原則
- バリエーションの原則

　数ある「トレーニングの原理・原則」の中から，とくに上記の3つを取り上げて解説するのは，これら3つの考え方を深く理解したうえで実際の

トレーニングの計画・実行に活用できないと，トレーニングの主目的である体力向上を達成することが難しくなってしまうからです。そして，現状，これらの原則を理解できていない，もしくは誤って理解しているため，間違ったやり方でトレーニングを実施している，あるいは実施させているのを目にする機会が多いからです。

　その他の原理・原則が重要ではないということではなく，競技力向上のためのトレーニングという観点では，まずこの3つを理解することが重要であるということです。

　また，トレーニングの原則とは，あくまでも「体力向上」を効率的かつ効果的に達成するために遵守すべき基本法則にすぎません。つまり，これから説明する内容が当てはまるのは，第5章で説明した「トレーニングが競技力向上に繋がるまでのプロセス」における preparedness の向上までの部分に限定されます。そこから先の「トレーニング効果の転移」については，これから紹介するトレーニングの原則が必ずしも当てはまるとは限らないので，そこは別途取り組む必要があります。具体的にどのように取り組めばよいかについては，第5章ですでに詳しく解説しているので，そちらを参考にしてください。

6-1 　漸進性過負荷の原則

　本書で解説する3つのトレーニングの原則の中でも，最も重要なのが「**漸進性過負荷の原則**」です[75]。この原則を理解し，それに則ってトレーニングを進めていけば，**トレーニングの主目的である体力向上が成功する確率は高まります**。逆に，「漸進性過負荷の原則」を無視して，見た目の派手さや最新の流行だけを追い求めてトレーニングを進めてしまうと，求めている効果（＝体力向上）が得られる確率は低くなってしまいます。

　もっと極端にいうと，「**漸進性過負荷の原則**」**を適用することができないようなものは，もはやトレーニングではないと判断してもよいほどです**。たとえば，新しいエクササイズやトレーニング方法が世の中に出てきた時に，

それがトレーニングとして有効かどうかを判断する際に，「漸進性過負荷の原則」を適用できるかどうかを評価の基準として用いることができます。体力を向上させることが主目的であるトレーニングでは，それほど「漸進性過負荷の原則」が重要なのです。ただし，「漸進性過負荷の原則」を適用できないものが，必ずしも競技力向上のためにまったく意味がないというわけではありません。あくまでも，体力を向上させるための「トレーニング」としては適さないというだけで，技術を向上させるための「練習」としては有効な場合もあるでしょう。

「漸進性過負荷の原則」を説明する時によく引用されるのが，古代ギリシアの「クロトナのミロ」の逸話です。ミロは幼い頃から毎日のように仔牛を担いで歩き，身体を鍛えていたと伝えられています。仔牛が成長して少しずつ重くなるにつれてミロの筋力も向上し，やがて古代オリンピックのレスリング競技でチャンピオンとして活躍するまでになったといわれています。この逸話が真実かどうかはわかりませんが，「漸進性過負荷の原則」とはどういうことなのかを端的に説明するエピソードとして広く知られています。つまり，筋力を初めとする「体力」を向上させるには，自分の身体が日常的に受けている以上の刺激を身体に与えること（牛を担いで歩く），そして，その刺激を少しずつ増やしていくこと（牛が成長して少しずつ重くなる）が重要であるということです。「『漸進性過負荷の原則』ってどういうことだったっけ？」と忘れた時には，この「クロトナのミロ」のエピソードを思い出せば，記憶が蘇ってくるはずです。

「漸進性過負荷の原則」という言葉は，「**漸進性の原則**」と「**過負荷の原則**」の2つに分けて考えることができます。まず，それぞれの意味するところを説明し，その後，それらを組み合わせると，どのようなことを指すことになるのかを解説します。

6-1-1　過負荷の原則

「漸進性過負荷の原則」の後半部分の「**過負荷の原則**」は，筋肥大，筋力向上など目的とする体力向上を引き起こすためには，身体が日常的に受けて

いる（慣れている）刺激を少しだけ超えるような刺激（＝過負荷）を身体に加える必要があることを意味しています。上記の「クロトナのミロ」の逸話でいうと「牛を担いで」歩くことが「過負荷」にあたります。

> ● 「過負荷の原則」
> 　体力向上を引き起こすためには，身体が日常的に受けている（慣れている）刺激を少しだけ超えるような刺激（＝過負荷）を身体に加える必要がある。

　たとえば，日常的に週3回，スクワットを100 kgの重量で3セット×5レップ実施しているアスリートがいるとします。このアスリートにとっては，週3回，スクワットを100 kgの重量で3セット×5レップ実施することは，普段から受けている日常的な刺激になります。そのため，まったく同じ内容のトレーニングをやり続けても過負荷が身体に加えられることはなく，現状の体力レベルを超えるような適応が起こることは望めません。

　そこで，このアスリートに過負荷を与えてさらなる体力向上を引き起こすためには，トレーニングプログラムの変数（頻度・挙上重量・セット数・レップ数など）のいずれかを操作する必要があります。たとえば，挙上重量を100 kgから105 kgに増やすような形です。105 kgという重量を持ち挙げることは，このアスリートにとっては慣れていない新しい刺激（＝過負荷）であり，そのような環境の変化に対応しようと身体が反応してさまざまな生理学的適応が引き起こされ，それが結果として体力向上に結びつきます。

　第5章で「汎適応症候群（GAS）」という概念を紹介した時に説明したように，人間の身体には，外的な刺激（＝ストレッサー）を受けると，ホメオスタシス（生物の内部環境が一定に保たれている状態）を維持するためにさまざまな生理的調節が起こり，ストレッサーとストレス耐性を拮抗させようとする仕組みが存在すると考えられています。この仕組みを利用して体力を向上させるために，過負荷にあたる刺激をストレッサーとして身体に与えるのがトレーニングというわけです。

　逆にいうと，前述のアスリートが，他の変数は変えずにスクワットの挙上重量をたとえば 90 kg に減らしてしまうと，過負荷としては不十分なので，さらなる体力向上は期待できません。それどころか，現状の体力レベルを維持するためにも足りない負荷になってしまいかねません。蓄積した疲労の低減を狙って一時的に負荷を減らすのであれば，それほど目立った体力低下は起こらないかもしれませんが，90 kg に重量を減らしてトレーニングをすることが長期化してしまうと，次第に体力が低下してしまう恐れがあります。

　過負荷について理解するうえで，注意が必要な点が 2 つあります。まず 1 つ目は，**身体に加える「過負荷」としてのトレーニング刺激は，大きければ大きいほどよいわけではない**，ということです。身体が日常的に受けている（慣れている）刺激を「少しだけ」超えるような刺激を加えれば，過負荷としては十分です。むしろ，過剰な負荷を身体に与えてしまうと，身体がそれに適応しきれず，トレーニング効果が逆に低下してしまうリスクさえあります。たとえば，前述した週 3 回，スクワットを 100 kg の重量で 3 セット × 5 レップ実施している場合，挙上重量を 100 kg から 105 kg に増やす程度がちょうどよい過負荷になるわけです。これを一気に 120 kg に増やしてしまうと，それは「過負荷」のレベルを超えて「過剰な負荷」になってしまい，思ったような筋力向上効果を引き出すことが難しくなってしまう恐れがあります（そもそも重すぎて指定されたレップ数をこなせず，負荷としては逆に足りなくなる可能性もあります）。

　もう 1 つ，過負荷について理解するうえで注意が必要なのは，**「過負荷を与える」と一言でいってもさまざまな方法があり，その方法次第で引き起こされる適応（＝出力）の種類が変わる**という点です。たとえば，ウエイトトレーニングにおいて，過負荷を与える方法をいくつかあげてみると，

- 挙上重量を増やす
- 1 セット当たりのレップ数を増やす
- セット数を増やす
- セット間の休息を短くする

- エクササイズの難度を上げる

- 可動域を広げる

- トレーニングの頻度を増やす

などがあります。

　繰り返しになりますが，ここでいいたいのは，**どのプログラム変数を操作してどのような種類の過負荷を身体に与えるかによって，引き起こされる生理学的適応の種類が変わってくる**ということです。たとえば，「1セット当たりのレップ数を増やす」というのは過負荷を与える方法の1つですが，トレーニングの目的が「最大筋力」の向上だとすると，効率のよい方法とはいえません。日常的にスクワットを1セットあたり5レップ程度で実施しているアスリートに過負荷を与えようとして1セットあたりのレップ数を20に増やしても，挙上重量が大幅に下がってしまうので最大筋力（= 1RM）が大幅に向上するかどうかは疑わしいでしょう。もちろん，トレーニング初級者であれば，1セットあたり20レップでトレーニングを実施してもある程度の最大筋力の向上が期待できますが，最大筋力の向上が主目的なのであれば，「挙上重量を増やす」という種類の過負荷を与えるほうがはるかに効果的かつ効率的です。

　要するに，**「過負荷の原則」にしたがって身体が慣れている以上の刺激を与えることは重要ですが，過負荷の種類についても注意を払う必要がある**ということです。どのような適応を引き出したいのか，どのような体力を向上させたいのか，をまずは見極めたうえで，そこから逆算して，それを達成するために適したタイプの「過負荷」を選択して身体に与えることが大切です。これは，「特異性の原則」という別のトレーニングの原則が関係してくる話なのですが，その詳細については「特異性の原則」の項で後述します。

6-1-2　漸進性の原則

　次に「漸進性過負荷の原則」の前半部分の「漸進性の原則」について解説します。

「漸進」というのは普段あまり聞き慣れない言葉ですが，辞書で調べてみると「順を追って少しずつ進んでいくこと」とあります。これをトレーニングに当てはめて考えてみると，**「漸進性の原則」**というのは，**継続的に体力を向上させるためには，トレーニング負荷を少しずつ増やしていく必要がある**ことを示しています。前述の「クロトナのミロ」の逸話でいうと，担いで歩いていた牛が，成長するにしたがって徐々に重くなっていくところが「漸進」にあたります。

● 「漸進性の原則」
　継続的に体力を向上させるためには，トレーニング負荷を少しずつ
　増やしていく必要がある。

なぜ，トレーニング負荷を少しずつ増やす必要があるのでしょうか。簡単に説明すると，かつては「過負荷」として作用して体力向上を引き起こしていたトレーニング刺激のレベルが，体力が向上するともはや「過負荷」ではなくなってしまうからです。

たとえば，前述した「過負荷の原則」に従ってスクワットの挙上重量を100 kgから105 kgに増やしてトレーニングをすると，この過負荷によってさまざまな生理学的適応が引き起こされて筋力が向上しますが，その後も105 kgでトレーニングを続けていては，さらなる（継続的な）筋力向上は望めません。これは，筋力向上に伴い，105 kgを用いてスクワットをすることがもはや日常的なこと（＝慣れていること）になってしまい，さらなる適応を引き起こすために十分な刺激（＝過負荷）ではなくなってしまうからです。

したがって，継続的に適応を引き起こし続けるためには，体力が向上するのに伴い，トレーニング負荷も少しずつ増やしていく（漸進させていく）必要があります。つまり，筋力が向上するのにしたがって，スクワットの挙上重量を105 kg → 110 kg → 115 kg・・・と徐々に増やしていかなければな

らないのです。「105 kg」という重量が「過負荷」として働き，筋力向上に繋がるような生理学的適応を引き起こしてくれるのは一時的なことであり，長続きはしないのです。「過負荷」というトレーニング刺激のレベルは固定された絶対的なものではなく，常に変わり続ける相対的なものであり，アスリートの体力レベルによって変動していく「moving target」のようなものだと捉えると理解しやすいでしょう。

　また，ウエイトトレーニングにおいてトレーニング負荷を漸進させる方法は，過負荷を与える方法と同様に以下のようなものが考えられます。

- 挙上重量（強度）を増やしていく
- 1セット当たりのレップ数を増やしていく
- セット数を増やしていく
- セット間の休息を短くしていく
- エクササイズの難度を上げていく
- 可動域を広げていく
- トレーニングの頻度を増やしていく

　このように，さまざまなトレーニング変数を漸進させることでトレーニング負荷を徐々に増やしていくことは可能です。しかし，5年，10年とウエイトトレーニングを継続していくことを考えると，現実的に漸進させ続けることのできるトレーニング変数は「挙上重量（強度）」以外に選択肢はないということになるでしょう。レップ数・セット数・可動域・トレーニング頻度を増やしたり，セット間の休息を短くしたりするといっても限界があります。ウエイトトレーニングを始めて間もないアスリートと10年以上も継続して実施しているアスリートのトレーニング内容を見比べてみれば，レップ数・セット数・可動域・トレーニング頻度・セット間の休息などのトレーニング変数にはそれほど大きな違いがないことに気づくでしょう。大きな違いが見られるのは「挙上重量（強度）」です。

　エクササイズ難度については，トレーニングを継続していくことで，より

高難度のエクササイズを適切なフォームで実施できるようになり，エクササイズ選択の幅が広がることはあります。それでもやはり，次から次へと難度が高いエクササイズを導入し続けることは不可能ですし，必ずしもエクササイズ難度を高くし続けないといけないわけでもありません。ウエイトトレーニングを始めたばかりに覚えるような難度が低い基礎的なエクササイズであっても，トレーニング歴が長くなるにつれて挙上重量（強度）を増やしていくことができるのであれば，その後の競技人生でずっと使い続けることができるものです。ウエイトトレーニング上級者が難度の低いエクササイズをやることは決して不適切なこと（「漸進性の原則」に反したこと）ではないのです。

　そう考えると，長期的な視点で漸進させ続けることのできるトレーニング変数は，やはり「挙上重量（強度）」のみということになります。「漸進性過負荷の原則」を適用することができないようなものは，もはやトレーニングではないと判断してもよい，と述べましたが，そのような判断をする時に注目すべきなのも「挙上重量（強度）」です。体力の向上に伴い「挙上重量（強度）」を漸進させ続けることができないようなエクササイズやトレーニング手法は，体力向上を主目的とするトレーニングとしては有効性が低いと判断して差し支えないでしょう。

　とはいえ，もう少し短いスパンで考えた場合には，他のトレーニング変数を漸進させるアプローチも十分に用いることができます。たとえば，数ヵ月にわたるオフシーズン期間の中で，エクササイズ難度が低いものから導入して徐々に難度の高いものに移行していく，可動域が狭いものから始めて徐々に可動域を広げていく，などが考えられます。

　また，長期間にわたり漸進させ続けることのできるトレーニング変数が「挙上重量（強度）」に限られるからといって，それ以外のトレーニング変数を固定して「挙上重量（強度）」のみを「漸進性の原則」にしたがって変化させればよいというわけではありません。「挙上重量（強度）」以外のトレーニング変数を操作することでトレーニング刺激の種類が変わるので，異なる適応を引き出すことが可能になります。後述する「特異性の原則」にしたがっ

て，目的に応じて「挙上重量（強度）」以外のトレーニング変数を操作して適切な適応を引き出すことは重要です。

　さらに，「挙上重量（強度）」以外のトレーニング変数を固定して，「挙上重量（強度）」だけに「漸進性の原則」を当てはめてトレーニングをしていると，次第に体力の伸びが鈍化してしまうという問題も起こります。それを防ぐための1つの方法が，**トレーニング刺激に変化を加える**ことです。**そのためには，「挙上重量（強度）」以外のトレーニング変数も定期的に変えてあげる**ことが必要です。具体的にどのように変化をつければよいのかについては，「バリエーションの原則」の項で後述します。

●● 6-1-3　漸進性＋過負荷の原則

　「漸進性過負荷の原則」というのは，ここまでで紹介した「漸進性の原則」と「過負荷の原則」を組み合わせた概念です。体力を向上させるためには，身体が日常的に受けている（慣れている）刺激を少しだけ超えるような刺激（＝過負荷）を身体に与える必要があります。しかし，体力が向上するにしたがって，かつては体力向上を引き起こすのに十分な強さであったトレーニング刺激のレベルがもはや過負荷として働かなくなってしまいます。**さらなる適応を引き起こし続けるためには，体力レベルの向上に合わせて身体に与えるトレーニング刺激の強さも徐々に増やし続ける必要がある**，ということです。

　「漸進性過負荷の原則」の概念を実際のトレーニングに活用するうえで大切なのは，適切な大きさの「過負荷」を適切なスピードで「漸進」させることです。「過負荷」は強すぎても，弱すぎてもダメです。また「漸進」のスピードも速すぎても，遅すぎてもダメです。**トレーニングの体力向上効果を最大限にするためには，最適な「過負荷」の大きさと最適な「漸進」のスピードを見極める**ことが求められます。実際に，どの程度の強さのトレーニング負荷が最適な「過負荷」であり，それをどのくらいのスピードで「漸進」させていくのが最適なのかについては，さまざまな要因が影響を及ぼします。

　その1つが，エクササイズの種類です。スクワットやデッドリフトのよ

うに，多くの筋群が動員されたり，大きく強い筋群が動員されたりするようなエクササイズでは，比較的大きな「過負荷」を与えることができたり，「漸進」スピードも比較的速いほうが適したりします。逆に，フルカンエクササイズのように動員される筋肉の数が少なかったり，小さく弱い筋群が動員されたりするようなエクササイズでは，「過負荷」は小さく，「漸進」スピードもゆっくりになるのが一般的です。

たとえば，100 kg でスクワットをすることに慣れているアスリートに対して，105 kg という過負荷を与えたり，挙上重量を 5 kg 単位で 105 kg → 110 kg → 115 kg・・・と漸進させたりすることは十分可能ですが，同じアスリートに対して，棘上筋という小さな筋肉をターゲットにしたフルカンエクササイズで 5 kg 増しの過負荷を与えたり，挙上重量を 5 kg 単位で増やしていったりすることは現実的ではありません。相対的な観点からすると（1RM の何パーセントという観点，もしくはエクササイズ中に動員される筋線維 1 本あたりの観点），適切な「過負荷」のレベルと「漸進」スピードは，スクワットとフルカンエクササイズとで変わらないかもしれません。しかし，2 つのエクササイズは挙上可能な絶対重量に大きな差があるため，キログラム単位で考えると，最適な「過負荷」のレベルと最適な「漸進」スピードは大きく異なるのです。

実際にウエイトトレーニングを実施する時には，バーベルやダンベルなどの重量を増やすことのできる幅はキログラム単位（2.5 kg，5 kg など）で固定されています。そのため，とくにフルカンエクササイズのように扱う重量が比較的小さい種目に「漸進性過負荷の原則」を適用する際は，十分な注意と工夫が必要です。

また，アスリートの「トレーニング歴」も最適な「過負荷」レベルや「漸進」スピードに影響を及ぼしうる要因の 1 つです。たとえば，スクワットで 200 kg を挙げるようなトレーニング上級者と 60 kg しか挙げられない初級者を比較した場合，後者はセッションごとに挙上重量を 5 kg ずつ増やしていくことは可能かもしれないし，それが可能ならそれが適切な「漸進」スピードということになるかもしれません。しかし，上級者がセッションごと

に挙上重量を5kgずつ増やしていくというのはあまり現実的ではありません。

　これは第5章の「ブラックボックスの振る舞いに影響を及ぼす要因」の項で説明したように，トレーニング歴が長くなると，同じトレーニングをしていても体力向上が次第に難しくなる「principle of diminishing returns」と呼ばれる現象が関係しています。つまり，トレーニング歴が長くなり，体力が向上して遺伝的な限界（またはポテンシャルの上限）に近づくと，体力向上の伸びしろ（window of adaptation）が減っていき，トレーニングという投資をしたことに対する見返り（return）としての体力向上効果が小さくなっていくということです。そのため，伸びしろが大きく残されている初級者と，伸びしろが小さくなっている上級者とでは，最適な「過負荷」レベルや「漸進」スピードが異なるのです。

　どの程度のトレーニング刺激がアスリートにとって適切な「過負荷」になるかは，トレーニング歴，エクササイズの種類などさまざまな要因が影響を及ぼすので，現在慣れている負荷を何パーセントくらい超えるような負荷が適切な「過負荷」であるかを一概にいい切ることはできません。また，どの程度のスピードで負荷を増やしていくのが適切な「漸進」なのかも，アスリートや状況によって変わります。したがって，「漸進性過負荷の原則」はあくまでもトレーニングを進めるうえでのガイドライン的な役割を果たすにすぎず，それを具体的なやり方に落とし込むためには，S&Cコーチの経験やスキルが必要です。これは「漸進性過負荷の原則」に限らず，他の原則にも共通していえることです。とはいえ，トレーニングを進めるうえでの正しい方向性を示すだけでも，トレーニングの原則の果たす役割は非常に大きなものがあると思います。

6-1-4　漸進性過負荷の原則の例外

　最初に述べたように，「漸進性過負荷の原則」は最も重要なトレーニングの原則です。繰り返しますが，「漸進性過負荷の原則」を適用することができないようなものは，もはやトレーニングではないと判断してもよいほどで

す。とはいえ，トレーニングにおいては，常に過負荷をかけ続け，常にその過負荷のレベルを漸進させないといけないのかというと，必ずしもそういうわけではありません。

「原則」という言葉を辞書で調べてみると，「人間の社会的活動の中で，多くの場合に当てはまる基本的な規則や法則」と書いてあります。つまり，原則というのは100％当てはまる絶対的なものではなく，「多くの場合」に当てはまるという程度のものなのです。この「多くの場合」に当てはまらないものを，私は「例外」として捉えています。トレーニングの原則にも例外はつきものです。

「漸進性過負荷の原則」に関していうと，常に過負荷をかけ続け，常にその過負荷のレベルを漸進的に増やし続けることは現実的ではありません。ウエイトトレーニング初級者の場合はそれが可能かもしれませんが，ある程度の経験者にとっては，継続的に使用重量などを増やし続けることは不可能です。

また，たとえ常に過負荷をかけ続け，その過負荷のレベルを常に漸進させることが可能であったとしても，そのやり方を継続すると次第に疲労が溜まっていきます。**疲労の蓄積が過剰になればオーバートレーニング状態に陥る**危険もあります。それを防ぐためには，トレーニングを休んで過負荷を取り除いたり，負荷のレベルを一時的に下げたりするような期間を定期的に設けることが必要です。まさに，「漸進性過負荷の原則」の例外です。

オーバートレーニングほど極端な状態にまで到達しなかったとしても，疲労が溜まって preparedness が大きく低下している状況が常態化してしまうと，練習の質や試合でのパフォーマンスにマイナスの影響を及ぼしてしまう恐れがあります。とくにシーズン中においては，体力（フィットネス）を向上させる「強化」と，目の前の試合に向けて疲労を取り除いて preparedness を高めていく「コンディション調整」とのバランスをとる必要があります。「強化」のためには「漸進性過負荷の原則」を適用することが必須ですが，「コンディション調整」を優先するような時期では，トレーニング負荷を増やさずに維持するような戦略も必要になってくるでしょう。

また，重要な試合に向けてテーパリングを実施するような場合には，トレーニング負荷を大幅に減らしていくことが必要になります[53, 74]。

したがって，状況や目的によっては，「漸進性過負荷の原則」をあえて適用しないような例外もつくることで，逆に「勝つ」という目的に近づくこともある，ということは認識しておいたほうがよいでしょう。自分の中で核となる「原則」を持ちつつも，場合によってはそれが当てはまらない「例外」を許容して，「原則」を補足するためにうまく使いこなす柔軟性を持ち合わせることが大切です。

🔴 6-1-5 漸進性過負荷の原則を守ることはケガのリスクを減らすことにも繋がる

ここまで，トレーニング効果を高める（体力を向上させる）という観点から「漸進性過負荷の原則」の重要性について解説してきました。しかし，「漸進性過負荷の原則」を守ってトレーニングを進めることは，体力向上だけでなく，ケガのリスクを減らすためにも重要です。

近年，スポーツ科学者の間で注目を集めている「acute : chronic workload ratio（ACWR）」という概念があります。ACWR は，直近 1 週間の workload（＝練習・トレーニング負荷）を過去 4 週間の workload の平均値で割ったものです。この値が「1」よりも高いと，過去 4 週間の平均と比べて直近 1 週間の workload が増えたことを意味し，「1」よりも低いと，過去 4 週間の平均と比べて直近 1 週間の workload が少なかったことを意味します。

ACWR の算出方法や workload の定量方法にはさまざまなものがあり，適切な手法についてはまだまだ議論されているところです。しかし，ここで重要なのは，ACWR の数値が増えるとケガのリスクが高くなる傾向があるという点です[7, 13, 33, 34, 68]。つまり，**急激に練習やトレーニングの負荷（＝workload）を増やしてしまうと，ケガに繋がる恐れがある**ということです。これはあくまでも確率論の話なので，急激に workload が増えたら必ずケガをするというわけではありませんが，リスクマネジメントの観点で考えると，

ACWR が高くなることはできるだけ避けたほうがよいと考えられます。

　ACWR が高くなることを避けるためには，とくに難しいことをする必要はなく，「漸進性過負荷の原則」に基づいて workload を「少しずつ」増やしていくのが最善の方法です。「漸進」という言葉が意味する「順を追って『少しずつ』進んでいくこと」を忠実に実践していれば，ACWR が大きく増えることはないので，ケガのリスクを抑えることにも繋がります。

　ACWR が増えてケガのリスクが高まってしまう場合の具体例として挙げられるのは，「フィジカル合宿」とか「トレーニングキャンプ」と題して，オフシーズンの序盤に数週間，競技の練習をほとんどせず，体力向上を主目的とするトレーニングを中心に鍛えるような場合です。このわずかな期間で追い込むような厳しいトレーニングをして，一気に体力を高めようという意図があるものと推測されますが，そもそも体力は急に向上しないというのは，第 5 章の**コラム 5** で説明したとおりです。さらに，体力が急に向上しないだけでなく，オフシーズン開始前の休暇期間中に運動量が落ちていた状態から workload が一気に増えるようなやり方では，ACWR も大きく増えることになるので，ケガのリスクが高まることが予想されます。つまり，多くの競技で慣習的に採用されているこのような手法は，期待されたほどの急激な体力向上効果を得られないだけでなく，ケガのリスクが高くなるため，メリットよりもデメリットのほうが大きいのです。

　このようなデメリットを避けるためには，オフシーズンの練習・トレーニングを比較的軽めの workload で開始して，その後「漸進性過負荷の原則」に基づいて少しずつ workload を増やしていくのが最善のやり方です。「オフシーズンの最初に追い込むようなトレーニングをして，1 年間戦える身体をつくり上げないとダメだ！」という先入観がある場合には，そのやり方をガラッと変えることは難しいかもしれませんが，本書をお読みいただければ，そのやり方の危険性を理解することができると思います。

　ACWR に関連して，押さえておきたい点が 2 つあります。1 つ目は，ACWR の概念における「workload」というのは，トレーニングだけでなく練習も含めたあらゆる身体活動の総量を指したものであるという点です。単

純にトレーニングだけに「漸進性過負荷の原則」を当てはめるのでは不十分で，練習も含めて総合的な意味合いでのworkloadが急激に増加しないよう注意を払う必要があります。ACWRが高くなってきた場合に，workloadを減らそうとしてトレーニング量を調整しても，その分練習量を増やしてしまうと，総量としてのworkloadは減らないので意味がありません。したがって，ACWRが高くならないようにするために「漸進性過負荷の原則」を当てはめる時には，練習を担当する競技コーチとトレーニングを担当するS&Cコーチとの間での密接なコミュニケーションが不可欠です。あるいは，競技コーチが1人で練習とトレーニングの両方を担当しているのであれば，練習とトレーニングを合わせた総量としてのworkloadに対して「漸進性過負荷の原則」を適用することの重要性を認識しておくことが大切です。

　ACWRに関連して押さえておきたい点の2つ目は，ACWRが増えてしまうのは避けたほうがよいとはいえ，workloadを増やしてはいけないとか，workloadは少ないほうがよいという主張をしているわけではないということです。むしろ，chronic workload（過去4週間のworkloadの平均値）は高いほうがケガのリスクが低くなると報告している研究もあるほどです[33, 44, 45]。一見，矛盾しているように感じるかもしれませんが，ACWRはworkloadの「急性の変化」を示しているもので，chronic workloadは過去4週間のworkloadの「積み重ね」を示しているものなので，両者は別のものです。たとえば，過去4週間にわたって非常に負荷の高い練習やトレーニングを積み重ねていても，週ごとのworkloadに増減がないのであれば，chronic workloadは高いけれどもACWRはほぼ「1」ということになるのです。

　ACWRが増えてケガをしてしまうことを恐れるあまり，軽めの練習やトレーニングしかやらないと，つまりchronic workloadが低いままだと，体力を向上させることが難しくなります。体力レベルが高いアスリートは，低いアスリートよりもACWRの増加に耐えられる（ケガのリスクが低い）という報告もあります[44]。つまり，ACWRの増加を怖がってchronic workloadが低いままだと，体力を向上させることができず，逆にケガのリ

スクを増やすことに繋がってしまいかねないのです。

　また，chronic workload を高めて体力を向上させることがケガのリスク低下に繋がりうるということに加えて，ある程度高い workload の練習・トレーニングをやってそれに身体を慣れさせておくことで耐性ができてケガをしづらくなる，という考え方もあります。イメージとしては，ワクチンを接種してウイルスや細菌に対する免疫をあらかじめつくっておくことで，病気になりにくくするのと同じです[20]。とくに競技の特性上，試合において高い workload を経験する可能性が高いのであれば，ケガを恐れるあまりに練習中の workload を過度に低く抑えてしまうと，workload に対する耐性ができていない状態で試合に臨むことになり，かえって試合中にケガをしてしまうリスクが高まる恐れさえあるのです。

　したがって，ACWR が増えることは避けたほうがよいとはいえ，chronic workload に関しては，ケガのリスクを恐れて低く抑えすぎてしまうのは逆効果であり，むしろ増やしたほうがケガのリスクが低下する可能性があります。ここでのポイントは，いかにして chronic workload を高いレベルにまで持っていくか，です。いくら chronic workload は高いほうがいいからといっても，一気に workload を増やしてしまうと ACWR も高くなるのでケガのリスクが高まります。結局のところ，やはり最善策は「漸進性過負荷の原則」に従い「少しずつ」workload を増やしていき，徐々に chronic workload を高めていくことになります。

6-2　特異性の原則

　2つ目に紹介するトレーニングの原則は「**特異性の原則**」です。「**SAID の原則（SAID principle）**」と呼ばれることもあります。SAID は「specific adaptation to imposed demands」という英語の頭文字をとったものです。

　最初に紹介した「漸進性過負荷の原則」については，最も重要なトレーニングの原則であると表現しましたが，それに対して「特異性の原則」は，最も誤って理解されているトレーニングの原則だと考えています。これは，第

3章において，ウエイトトレーニングを実際の競技の動きに近づけるような
やり方で実施することを「誤った競技特異的トレーニング」と呼んだのと同
じ発想です。そのような方法がどうして誤っているのかを理解するためには，
「特異性の原則」の本来の意味を知っておくことが重要です。

6-2-1　特異性の原則の本来の意味

「特異性の原則」の本来の意味は，**身体にトレーニング刺激を与えると，
それに対して特異的な適応が起こる**ということです。たとえば，ウエイトト
レーニングをやれば，筋肉が太くなったり筋力が向上したりするような適応
が起こりますし，持久力トレーニングをやれば，持久力が向上するような適
応が起こります。通常，この逆は起こりません。また，同じウエイトトレー
ニングであっても，高重量を持ち上げるようなタイプのトレーニング刺激を
身体に与えた場合と，低重量を高速で爆発的に持ち上げるようなタイプのト
レーニング刺激を身体に与えた場合とでは，引き起こされる適応は異なりま
す[25〜28]。

> ●「特異性の原則」
> 　身体にトレーニング刺激を与えると，それに対して特異的な適応が
> 起こる。

　つまり，第5章で取り上げた，トレーニングによる体力向上を説明した
図5-1のモデルにおいて，どのような種類の「入力」をするかによって，
どのような種類の「出力」が出てくるかが決まる，ということを説明してい
るのが「特異性の原則」ということになります。イメージとしては，Aとい
う入力をするとA'という出力がでてきて，Bという入力をするとB'という
出力がでてくる，といった具合です。Bという入力をしてもA'という出力
は出てこないし，Aという入力をしてもB'という出力は出てきません。
　トレーニング刺激（＝入力）に対して特異的な適応（＝出力）が起こると

いう「特異性の原則」の本来の意味から考えると，まずは「**勝つ**」ために必要な体力要素を見定めたうえで，そこから逆算して，その体力要素の向上を引き起こすために最適なトレーニング刺激を決定して与えるというのが，正しいトレーニングの進め方になります。たとえば，特定の競技で勝つためにA'という出力（＝体力向上）が重要であるということであれば，A'という出力を引き出すような入力（＝トレーニング刺激），すなわちAを身体に与える必要があるということです。Bという入力をしても狙った適応を引き起こすことはできません。

　「特異性の原則」が示している内容は，外的な刺激（ストレッサー）を受けた時に身体がどのように反応するかという観点から考えると，非常に納得がいきます。トレーニングをして適応が起こるという現象は，身体がストレッサーを受けた時に，ホメオスタシス（生物の内部環境が一定に保たれている状態）を維持するため，さまざまな生理的調節が起こり，ストレッサーとストレス耐性を拮抗させようとする身体の仕組みです。次に同じストレッサーを受けた時に，それに耐えられるように身体を変化させているのです。そう考えると，ストレッサーの種類に応じて特異的な適応が起こるというのは非常に合理的です。ストレッサーに対して非特異的な，まったく関係のない適応が起こったとしたら，次に同じストレッサーを受けた時に，それに耐えるための準備を整えておくことができないわけですから。

　したがって，**身体にストレッサー（＝トレーニング刺激）が加えられた時に，次にそれと同じストレッサーを受けても耐えられるように特異的な適応が起こる**というのが，「特異性の原則」が本来意味しているところであり，本質です。この考え方をしっかりと押さえておけば，「特異性の原則」を誤って理解したり適用したりすることを避けることができます。

●● 6-2-2　誤った競技特異的トレーニング

　本書では，「誤った競技特異的トレーニング」という表現を使ってきました。これは，一般的に使われている用語ではなく，私が個人的にそう呼んでいるだけのものです。そこで，この「誤った競技特異的トレーニング」とい

う表現が具体的にどのようなことを指しているのかを改めて定義づけたうえ
で，それがなぜ誤っているのかを解説していきます。

　まず，「**誤った競技特異的トレーニング**」というのは，**トレーニングのや
り方を実際の競技の動きに近づけようとするアプローチ全般を指します。**競
技の動きに近い形でトレーニングをしたほうが，トレーニング効果が競技
力向上に繋がりやすい，もしくは直結するという（誤った）考え方が背景に
あります。つまり，第4章や第5章で解説した「トレーニング効果の転移」
を促進するための方策として，「入力」にあたる部分のトレーニングのやり
方を競技の動きに近づけようとしているわけです。

　ウエイトトレーニングに関していうと，「誤った競技特異的トレーニング」
には大きく分けて2つのタイプがあります。1つ目は，既存のウエイトトレ
ーニングのやり方を，競技の動きに近づけるタイプです。たとえば，スキー
ジャンプ選手やボート選手がスクワットを実施する時に，競技の動きに近づ
けるため，つま先をまっすぐ前に向けて，足幅も狭くして実施するようなア
プローチが，このタイプに当てはまります。また，スクワットにおいてしゃ

がむ深さを競技中に使われる関節可動域に合わせて決めるようなものも（通常，比較的浅めのスクワットになることが多いです），この1つ目のタイプに分類されます。

　2つ目は，競技の動きそのものに対して，外的な負荷を直接加えるタイプです。たとえば，ボクサーがパンチ力を強化するため，ダンベルを両手に持ってパンチ動作を繰り返すようなものが当てはまります。また，ダンベルだけでなく，ケーブルマシンやゴムバンドなどを使って競技の動きそのものに外的な負荷をかける場合もあります。

　どちらのタイプの「誤った競技特異的トレーニング」も，その背景にあるのは，競技の動きに近い形でトレーニングをしたほうが，トレーニング効果が競技力向上に繋がりやすい，もしくは直結するという（誤った）考え方です。つまり，「トレーニングを競技の動きに近づけること＝特異的」と勘違いしてしまっているのです。そのような考え方がなぜ間違っていて競技力向上に繋がらない可能性が高いのか，さらに，場合によっては逆にケガやパフォーマンス低下に繋がりかねないのかを説明していきます。

　「誤った競技特異的トレーニング」の主要な問題点をあげると，次のように整理されます。

　① 非論理的で科学的根拠に乏しい
　② そもそもそれほど似ていない
　③ 技術への悪影響
　④ ケガのリスクが高い
　⑤ 漸進性過負荷の原則を適用できない＝体力向上効果が低い

① 非論理的で科学的根拠に乏しい

　「競技の動きに近い形でウエイトトレーニングをしたほうが，トレーニング効果が競技力向上に繋がりやすい，もしくは直結する」という主張がそもそも非論理的です。なぜウエイトトレーニングの見た目の動きが競技動作に似ていると，トレーニング効果が競技力向上に繋がりやすかったり直結した

りするのでしょうか。ロジックとして成り立っていません。また，そのような非論理的な主張を裏づける科学的根拠も，少なくとも私の知る限りでは存在しません。

　仮に「似ている」ことが最も重要なのであれば，究極的に似ているのは競技の動きそのものなので，そもそもウエイトトレーニングなどせずに競技の練習だけをしていればよい，ということになります。つまり，「誤った競技特異的トレーニング」の論理を突き詰めていくと，「誤った競技特異的トレーニング」そのものが必要ではない，という矛盾が生じてしまうのです。競技の動きに外的な負荷をかけてしまえば，実際の動きからは遠ざかってしまうわけですから。

　第3章で説明したように，練習をするだけでは勝てないので，勝つ確率を少しでも高めるために，練習だけではできないことを，練習から一度離れて，練習とは別に実施するのがトレーニングの役割です。ということは，ウエイトトレーニングは競技の動きとは違ってもいいのです。むしろ，違っているからこそ意味があるともいえます。競技の練習をするだけでは得ることのできない刺激をウエイトトレーニングによって身体に与えることで，練習の副次的効果として得られる以上の体力向上を目指すのがそもそもの目的なのです。

　つまり，「誤った競技特異的トレーニング」の背景にある，ウエイトトレーニングの動きを競技の動きに近づけようとする考え方は，このトレーニングの本質に逆行しているのです。そのようなアプローチがいかに誤っているかは，そもそもなぜアスリートがトレーニングを実施するのか，という本質を理解することができていれば，容易に気づくことができます。

　ここまでの説明を読んで，「『特異性の原則』というものを学校の授業で習った（専門書で読んだ）けど，それは重要ではないということなのか？」と疑問に思われる読者もいるかもしれませんが，決してそのようなことはありません。「特異性の原則」は，トレーニングを考えるうえで基礎となる重要な考え方です。そうでなければ，わざわざ本書で取り上げていません。ただ，「誤った競技特異的トレーニング」という概念では，「特異性の原則」の捉え

方が間違っているのです。

　なぜ「特異性の原則」の解釈を誤ってしまうのかを理解するためには，「特異的（な）」という形容詞がどの名詞にかかっているのかに注目して考えてみるとわかりやすいと思います。まず，「誤った競技特異的トレーニング」という概念においては，「特異的（な）」という形容詞は「トレーニング」という名詞にかかっています。つまり，トレーニングの形を競技の動きに近づけることがトレーニング効果を競技力向上に繋げるために重要であるという考え方です。これは，間違った解釈です。一方，「特異性の原則」という概念を一番的確に表現しているのは，本節の冒頭で紹介した「specific adaptation to imposed demands」という英語ですが，そこでは「特異的な（specific）」という形容詞は「適応（adaptation）」という名詞にかかっています。つまり，身体に与えられたストレッサー（＝トレーニング刺激）に応じて「特異的な適応」が引き起こされるという現象を説明しているのです。これは先述した特異性の原則の本来の意味と一致しています。「特異的な」という形容詞は，本来「トレーニング」ではなく「適応」という名詞にかかるべきなのです。

　後者の解釈に基づいて考えると，「競技力を向上させるために，○○という適応を引き起こしたい」という目標を競技のニーズ分析などで特定したうえで，その適応を引き起こすために最も効果的かつ効率的なトレーニング内容を選択することになります。そして，このトレーニング内容を選択する過程で重要なのは，トレーニングによって引き起こされる特異的な適応が競技で役に立つかどうか，目的に合致するかどうか，という点です。トレーニングが競技の動きに似ているか似ていないかは問題ではありません。結果として，選択したトレーニングが競技の動作に似ていることはあるかもしれませんが，似ていること自体がトレーニング内容を選択する理由になっているようであれば，それは「特異性の原則」を間違って解釈・適用しているといわざるをえません。逆に，競技の動きとはまったく異なる動きのトレーニングであっても，それを実施することで得られる特異的な適応が競技において役に立つのであれば，それは有効なトレーニングなのです。

日本語は良くも悪くも曖昧さのある言語であり，形容詞がどの名詞にかかるかが明確ではない場合があります。たとえば「かっこいい彼の車」という日本語表現においては，「かっこいい」という形容詞が「彼」という名詞にかかっているのか「車」という名詞にかかっているのかが曖昧です。実際に，どちらのことを「かっこいい」と形容しているのかは，前後の文脈から判断するしかありません。そのような日本語の曖昧さが，「特異性の原則」において「特異的（な）」という形容詞がどの名詞にかかっているのかという点で誤った解釈を引き起こす原因になっているのではないか，と考えています。一方で，英語はより直接的な表現が好まれる言語であり，形容詞がどの名詞にかかっているのかが明確な場合が多いです。「specific adaptation to imposed demands」といわれたら，「specific」という形容詞が「adaptation」という名詞にかかっているというのは一目でわかります。他の解釈をする余地はありません。そのような言語の特徴を踏まえたうえで，「specific adaptation to imposed demands」という英語表現が「特異性の原則」の本質を的確に表わしているという前提で考えれば，「特異的な（specific）」という形容詞がかかるべきなのは「適応（adaptation）」という名詞なので，「トレーニング」という名詞にかけて解釈をしている「誤った競技特異的トレーニング」という考え方は，ロジックとして成り立っていないということが理解できるのではないでしょうか。

② そもそもそれほど似ていない

　たとえ「誤った競技特異的トレーニング」の見た目の動きが実際の競技動作に似ていたとしても，外的な負荷を加えてしまえば力を発揮する方向や大きさ，タイミングなどは変わってしまいます。つまり，「誤った競技特異的トレーニング」は，たとえ見た目の動き（バイオメカニクスでいうところの「キネマティクス」）が競技動作に似ていたとしても，それを生み出す原因となる本質的なメカニズム（バイオメカニクスでいうところの「キネティクス」）は似ていないのです。

　たとえば，ボクサーがパンチ力を強化するために，ダンベルを両手に保持

してまっすぐストレートパンチ動作を繰り返すような「誤った競技特異的トレーニング」を実施しているところを想像してみてください。普通のストレートパンチと同じ感覚（同じ力の入れ具合）で動作を行おうとすると，ダンベルの重量によって腕が下方向に引っ張られてしまうので，まっすぐにパンチを打つことができず，結果として斜め下方向にパンチを打つような動きになってしまうはずです。ダンベルを持った状態でまっすぐにストレートパンチを打つためには，通常よりも斜め上方向に力を発揮する必要があります。そうすることで，ダンベルにかかっている重力とのバランスが釣り合い，普通のストレートパンチと見た目が同じ動作を実施することができるようになります。しかし，「見た目」は実際のパンチ動作に似ているものになるかもしれませんが，「力の発揮方向」は実際のパンチ動作とは異なってしまいます。つまり，似ているようで似ていないのです。

　ダンベルの代わりにケーブルマシンやゴムバンドを外的な負荷として選択すれば，工夫次第で「力の発揮方向」を実際のストレートパンチ動作に近づけることは可能です。しかしそれでも，力の発揮の大きさやタイミング，筋肉の収縮速度などはやはり実際のパンチ動作とは異なります。体力向上を目指して外的な負荷を加えた時点で，どうやったって実際の動きとは似ていないものになってしまうのです。

　「見た目（キネマティクス）さえ似ていれば，他の要素（キネティクス）は似ていなくてもよい」という反論をされるかもしれませんが，なぜ「見た目」だけが重要なのかを説明できるだけのロジックがあるとはとても思えません。見た目の動き（キネマティクス）というのは，あくまでもその原因となる力発揮（キネティクス）の結果にすぎないのです。

③ 技術への悪影響

　「誤った競技特異的トレーニング」を実施すると，間違った身体の使い方（力の入れ具合）を習得してしまい，技術に悪影響を及ぼしてしまうリスクがあります。たとえば，前述したダンベルを持ってストレートパンチ動作を繰り返すようなタイプのトレーニングでは，力の発揮方向が実際のストレート

パンチ動作とは異なり「斜め上方向」になってしまうことを説明しましたが，そのような動きを繰り返すことで，本来のストレートパンチ動作の技術が崩れ，パフォーマンス低下に繋がる恐れがあります。つまり，まっすぐストレートパンチを打とうとした時に，狙いよりも「斜め上方向」にパンチを出すような癖がついてしまうリスクがあるのです。そのような癖がついてしまうと，対戦相手をパンチで捉えることが難しくなり，結果として最終的な目的である「勝つ」ことからは遠ざかってしまいます。

　「誤った競技特異的トレーニング」はそもそも競技の動きにそれほど似ていないといいましたが，ベンチプレスやスクワットのような一般的なウエイトトレーニングエクササイズと比べれば，実際の競技の動きに近いのは間違いありません。そして，似て非なるものだからこそ，変な癖がついて技術に悪影響を及ぼすリスクも高いと考えられます。とくに，「誤った競技特異的トレーニング」では，「このエクササイズは競技における○○の動作を鍛えるものだ」という形で，特定の競技動作を意識しながら実施する場合が多いので，なおさらその競技動作の技術に悪影響を及ぼすリスクが高くなります。逆に，競技動作とはまったく異なる別の動きとしてベンチプレスやスクワットなどをやるかぎりにおいては，特定の競技動作の技術に悪影響を及ぼす可能性は著しく低いでしょう。

　「そんなの大げさだ」「その程度の技術のズレはすぐに修正できる」と反論されるかもしれません。たしかに，アスリートは「誤った競技特異的トレーニング」だけをやっているわけではなく，練習において競技の動き（前述の例ではストレートパンチ）を何百回，何千回と毎日のように繰り返しているので，「誤った競技特異的トレーニング」を週に数回程度やったからといって，それだけで技術が崩れてしまうリスクはそれほど大きくないのかもしれません。しかし，逆の見方をすると，練習で毎日のように競技の動きを何度も繰り返しているアスリートが，競技の動きに毛が生えた程度の軽い負荷を加えたトレーニングを週に数回程度やったからといって，練習による副次的効果を超えるような体力向上効果が得られるとは思えません。また，ミリ単位の非常に繊細な技術が要求されるような競技の場合には，「誤った競技特異的

トレーニング」を実施することで引き起こされるほんのわずかな技術のズレ
であっても，競技結果に大きな悪影響を及ぼすリスクがあることは否定でき
ません。

④ ケガのリスクが高い

とくに，競技の動きに外的な負荷を直接加えるタイプの「誤った競技特異
的トレーニング」は，関節や筋肉に過剰なストレスがかかり，ケガに繋がる
恐れがあります。たとえば，「野球のピッチングに特異的なウエイトトレー
ニング」と称して，野球の硬式球（141.7 〜 148.8 g）よりも重い砲丸投げ
の球（7.26 kg）を使って投球動作を繰り返せば，遅かれ早かれ肘や肩を痛
めてしまう確率が高いであろうことは，想像に難くないでしょう。しかし，
人間の身体や脳は，砲丸投げの球を投げても身体に負担のかからないような
効率のよい動きを自然と身につけることで，ケガのリスクを回避するはずで
す。とはいえ，そのようにして身につけた動きは野球のピッチングというよ
りも砲丸投げの動きに近くなるはずで，結果として競技の動きからは遠ざか
ってしまうし，前述したようにピッチング技術への悪影響も懸念されます。
また，砲丸投げほど極端に重い負荷をかけなくても，「weighted ball」と呼
ばれる実際の硬式球よりも少し重いボール（〜 907 g）を用いて投球トレー
ニングをすると，野球のピッチャーが肘をケガしてしまうリスクが高まる恐
れがあることも報告されています[60]。

一方，既存のウエイトトレーニングのやり方を競技の動きに近づけるタイ
プの「誤った競技特異的トレーニング」も，ケガのリスクを高めてしまう恐
れがあります。たとえば，ボート選手がボートを漕ぐ時の動きに合わせてス
クワットを実施するような場合には，足幅を極端に狭くして深くしゃがみ込
むようなスクワット動作になりますが，このやり方だと腰を丸めることが多
くなり，腰を痛めてしまうリスクが高まります。ボートの競技中も腰はある
程度丸まるので，そのようなスクワットはある意味「見た目」は競技動作に
似ているのかもしれません。また，ボート選手は腰を丸めるのに慣れている
（適応している）はずだから，ウエイトトレーニングのスクワットで腰を多

少丸めてもそれほど大きなリスクはないのではないかと思われるかもしれません。しかし，スクワットの場合には肩にバーベルを担いでいるため，腰部には大きな圧縮荷重がかかっています。これはボートの動きとは大きく異なります。腰部に大きな圧縮荷重がかかっている状態で腰を丸めてしまうと，腰を丸めるのに慣れているボート選手であっても，腰痛発生のリスクが高くなる恐れがあります。ただでさえボートの練習でストレスがかかっている腰に，さらに負荷の高いストレスを追加でかけてしまうような「誤った競技特異的トレーニング」をアスリートにやらせることで得られるメリットがあったとしても，それが腰痛発生のリスクというデメリットを上回るとはとても思えません。

　第4章でも解説したように，ウエイトトレーニングには「ケガをしづらい身体づくり」という大事な役割があります。また，第3章で紹介したように，練習とは別にウエイトトレーニングを実施することのメリットの1つは，「より健康的に」体力を向上できることです。そのようなメリットを享受するためには，そもそもウエイトトレーニング実施中にケガをしないように，健康的なフォーム（＝動き）を徹底することが大前提となります。「誤った競技特異的トレーニング」のように，ウエイトトレーニングの動きを競

技の動きに近づけてしまうと，多くの場合，健康的なフォーム（＝動き）からは遠ざかってしまいます。つまり，「ウエイトトレーニングを競技の動きに近づけること」と「健康的なフォーム（＝動き）でウエイトトレーニングを実施すること」は相容れないことが多いのです。そして，両者を天秤にかけた場合に，前者を優先すべき理由を見つけることはできません。

⑤ 漸進性過負荷の原則を適用できない＝体力向上効果が低い

とくに，競技の動きに外的な負荷を加えるタイプの「誤った競技特異的トレーニング」は，通常，比較的軽い負荷を用いて行います。また，アスリートの筋力向上に合わせて挙上重量などを少しずつ増やしていくこともありません。おそらく，あまり大きい負荷をかけてしまうとトレーニングの動きが競技の動きから遠ざかってしまい，「特異的」ではなくなってしまうという考えがあるからでしょう。あるいは，競技の動き（もしくは競技に似た動き）に対してあまりにも重い負荷をかけてしまうとケガのリスクが高まる恐れがあることを，「誤った競技特異的トレーニング」を実践されている方たちも直感的に理解しているのかもしれません。

理由が何であれ，ここで重要なのは，**競技の動きに外的な負荷を加えるタイプの「誤った競技特異的トレーニング」においては，トレーニングの原則の中で最も重要な「漸進性過負荷の原則」を適用することができない**ということです。先述したように，「漸進性過負荷の原則」を適用できないようなものは，もはやトレーニングではありません。「漸進性過負荷の原則」が適用できなければ，筋力を初めとする体力の向上効果は大幅に制限されてしまい，体力向上を主目的とするトレーニングとしての役割を果たせないのです。

繰り返しになりますが，そもそも練習において毎日のように競技の動きを何百回，何千回と繰り返しているアスリートが，技術練習に毛の生えた程度の軽い負荷を加えた「誤った競技特異的トレーニング」を週に数回だけ実施したところで，練習の副次的効果として得られるだけの体力向上を大きく超えるようなプラスアルファのトレーニング効果を得られるわけがありません。「漸進性過負荷の原則」という考え方と，ウエイトトレーニングの動き

持久系競技のアスリートには，ウエイトトレーニングを 低負荷・高レップ数でやらせたほうがいい？

　本文中では，主にウエイトトレーニングにおける動き，すなわち「エクサ
サイズ」を競技の動きに近づけるアプローチについて，その誤りを指摘しま
した。同じような誤りは，エクササイズだけでなく「負荷の大きさ」や「レ
ップ数」などの他のトレーニング変数の選択にも見られることがあります。
とくに典型的なのが，マラソン選手やトライアスロン選手等の持久系競技の
アスリートがウエイトトレーニングを実施する場合に，低負荷・高レップ数
で実施してしまうパターンです（たとえば，1セットあたり30レップ以上な
ど）。一見すると，持久系競技だから，ウエイトトレーニングも高レップ数で
やって筋持久力を鍛えるのは理にかなっているように思われるかもしれませ
んが，そんなことはありません。

　そもそも，持久系競技のアスリートがウエイトトレーニングを取り入れる
目的は何なのかを考えてみると，それは「筋力・柔軟性・爆発的パワーなど
の向上」であるはずです。それらの体力要素を向上させることで運動効率や
スプリント能力が改善され，結果として競技力向上に結びつくものと考えら
れています。そして，持久系競技の練習を繰り返すことで得られる副次的効
果だけではそのような体力向上を得ることが難しいので，あえて練習とは別
にウエイトトレーニングを実施するわけです。

　そうであるならば，持久系競技のアスリートのウエイトトレーニングを計
画する時には，「筋力・柔軟性・爆発的パワーの向上」という特異的な適応を
引き出すために最適な負荷やレップ数は何か，という観点から考えればよい
のです。そして，そのように考えると，「高負荷・低レップ数」という選択に
行き着きます。「低負荷・高レップ数」などという選択をする余地はありませ
ん。実際に，「高負荷・低レップ数」でウエイトトレーニングを実施したほうが，
持久系競技のパフォーマンス向上効果が高いことを示す科学的知見も報告さ
れています[5]。

　仮に「持久系競技には持久力が必要なのだから，ウエイトトレーニングも
高レップ数で実施しないとダメだ！」と主張するのであれば，たとえば，マ
ラソン選手が42.195 kmを走り切るのにかかる歩数を調べて，数万歩かかっ
ているからウエイトトレーニングも数万レップで実施する，というのであれ
ば，まだそちらのほうがいわんとしていることを理解できなくもありません。

144

とはいえ，それだったらウエイトトレーニングではなく普通に練習で長距離を走り込めばいいわけで，あえて「ウエイトトレーニング」という運動様式を選択する必要性はありません。また，そのようなウエイトトレーニングのやり方では，「筋力・柔軟性・爆発的パワーの向上」を効率的かつ効果的に引き出すことはできません。

　練習だけではできないことを，練習から離れて，あえて練習とは別にやるためにウエイトトレーニングを取り入れているはずなのに，そのやり方を競技に近づけようとしてしまうのは，やはり本末転倒です。結局のところ，そもそもなぜウエイトトレーニングをやるのかという「Why」の部分を突き詰めて考えておけば，そして「特異性の原則」が意味するところをしっかりと理解しておけば，おのずと適切なトレーニングが見えてくるのです。逆に，「Why」の理解が乏しかったり，「特異性の原則」を誤って理解してしまったりすると，持久系アスリートには低負荷・高レップ数でウエイトトレーニングをやらせるなどということを思いついてしまうのです。

が実際の競技の動きに似ているほうが競技力向上に直結するという（誤った）考え方は矛盾するものであり，相容れるものではないのです。そして，前者は最も重要なトレーニングの原則であり，後者は「特異性の原則」を誤って解釈している考え方なので，どちらを重視してトレーニングを計画・実施すべきなのかは明白でしょう。

　「漸進性過負荷の原則」と「特異性の原則」は相反するものである，という主張を目にすることがあります。「漸進性過負荷の原則」を適用しようとして外的な負荷を増やすとトレーニングの動きが競技から遠ざかって「特異性の原則」から外れてしまい，逆に，「特異性の原則」を重視してトレーニングの動きを競技の動きに近づけようとすると外的な負荷を小さくしないといけないので「漸進性過負荷の原則」を適用するのが難しくなる，というような内容です。どちらの原則も重要なので，過負荷をしっかりかけるトレーニングと競技動作に特異的なトレーニングをどちらも実施してうまく組み合わせるのがパフォーマンス向上のためのベストのやり方だ，というような主

張もよく見かけます。

　一見バランスのとれた論理的なアプローチに聞こえるかもしれませんが，この考え方は正しくありません。なぜなら，「特異性の原則」の誤った理解に基づいているからです。たしかに「漸進性過負荷の原則」と「誤った競技特異的トレーニング」は相容れるものではありません。しかし，「漸進性過負荷の原則」と「特異性の原則」は相反するものではなく，両立しうるものです。むしろ，両者をうまく取り入れることが，トレーニング効果を最大限にするためには重要です。

　図5-1 をもとにして考えると，**適切な「出力」を引き出すために必要な「入力」のやり方について言及しているのが「漸進性過負荷の原則」であり，「入力」の種類によってどのような「出力」が出てくるのかが決まることを説明しているのが「特異性の原則」**です。つまり，「漸進性過負荷の原則」は「入力」に関する原則であり，「特異性の原則」は「出力」に関する原則なのです。それぞれ，別のものを説明している原則なので，その２つのコンセプトが相反することはないのです。

　「特異性の原則」の解釈を間違えた「誤った競技特異的トレーニング」という概念は「入力」について言及しているため，同じ「入力」に関する「漸進性過負荷の原則」と競合してしまうように見えるかもしれません。しかし，そもそも「誤った競技特異的トレーニング」という概念自体が間違っているので，「漸進性過負荷の原則」と「特異性の原則」が相反するものである，という心配は杞憂に過ぎません。正しい理解に基づいた「特異性の原則」であれば，「漸進性過負荷の原則」と競合することはないのです。したがって，過負荷をしっかりかけるトレーニングと競技動作に特異的なトレーニングを別々に分けて実施する必要はありません。

● 6-2-3　特異性の原則の例外

　「漸進性過負荷の原則」と同様，「特異性の原則」にも例外が存在します。トレーニング刺激（＝入力）に対して特異的な適応（＝出力）が起こるという「特異性の原則」の例外とは，トレーニング刺激（＝入力）に対して非特

異的な適応（＝出力）が起こることを指します。

　たとえば，「特異性の原則」の本来の意味を説明する時に，ウエイトトレーニングをやれば筋肉が太くなったり筋力が向上したりするような適応が起こり，持久力トレーニングをやれば持久力が向上するような適応が起こり，通常，その逆は起こらないと述べました。しかし，ウエイトトレーニングを実施して持久力が向上したり，持久力トレーニングを実施して筋肉が太くなったり筋力が向上したりするような例外が起こりうるのです。

　ここで誤解しないでいただきたいのは，「特異性の原則」の例外とは，特異的な適応が起こらずに非特異的な適応だけが起こることを指しているわけではない，という点です。特異的な適応も起こるし，それに加えて，非特異的な適応も起こるということです。たとえば，ウエイトトレーニングを実施したら，筋肉が太くなったり筋力が強くなったりする特異的な適応も起こるし，さらに持久力が向上するような非特異的な適応も起こる場合があるということです。

　では，どのような状況でそのような例外が起こるのでしょうか。それは，体力レベルの低いアスリートがトレーニングを実施する場合です。たとえば，持久力が著しく低いアスリートがウエイトトレーニングを実施すると，持久力トレーニングを一切実施しなくても，それだけで持久力が向上することがあります。一般的に，ウエイトトレーニングが引き起こす「特異的な」適応は筋肥大や筋力向上です。ウエイトトレーニングは通常，持久力向上という適応を引き起こすために最適なトレーニング刺激ではありません。それにもかかわらず，持久力が著しく低いアスリートの場合，ウエイトトレーニングを実施するだけで持久力も向上するというのは，まさに「非特異的な」適応が起こったことになります。

　なぜ，そのような「非特異的な」適応が起こるのかを理解するためには，「漸進性過負荷の原則」に基づいて考えるとわかりやすいでしょう。つまり，ウエイトトレーニングを実施することで身体が受ける刺激は，本来，筋肉を太くしたり筋力を強くしたりするのに特化したものですが，持久力のレベルが著しく低いアスリートの場合，持久力を向上させるのに必要となる「過負荷」

のレベルがそもそも低いので，ウエイトトレーニング実施中に引き起こされる身体内の変化（心拍数の上昇，酸素摂取量の増加，筋グリコーゲンの減少など）だけでも持久力を向上させるための過負荷として十分な刺激となりうるのです。

　もちろん，持久力のレベルが著しく低いアスリートがウエイトトレーニングを継続して実施すれば，「非特異的な」適応が起こり持久力も徐々に向上していくはずなので，次第にウエイトトレーニングを実施するだけでは，さらなる持久力向上を引き起こすのに十分な過負荷を身体に与えることができなくなり，持久力向上の効果は小さくなっていきます。つまり，「非特異的な」適応という例外は，いつまでも続かないのです。だからこそ「例外」なのです。そこからさらに持久力を向上させたいのであれば，持久力向上に繋がるような特異的な適応を引き起こすためのトレーニング，つまり持久力トレーニングを導入することが必要になります。例外である「非特異的な」適応がそれ以上起こらなくなったら，その後は「特異性の原則」と「漸進性過負荷の原則」に基づいて適切なトレーニング刺激を与えればよいわけです。

　また，同じウエイトトレーニングであっても，たとえば高重量を持ち上げるようなタイプのトレーニングと，低重量を高速で爆発的に持ち上げるようなタイプのトレーニングとでは，引き起こされる適応は異なります。一般的に，前者は「最大筋力」の向上に効果があり，後者は「力を素早く立ち上げる能力（rate of force development：RFD）」や「高速筋力」の向上に効果があることが知られています[19, 25～28]。まさに，トレーニング刺激の種類に応じて，特異的な適応が起こるわけです。

　その一方で，筋力レベルの低いアスリートの場合，高重量を持ち上げるようなタイプのトレーニングを実施することで，最大筋力だけでなく RFD や高速筋力の向上も引き起こされることがわかっています[16]。「特異性の原則」には例外が存在し，それが体力レベルの低いアスリートで起こることを支持する科学的知見が存在しているのです。

　「特異性の原則」にも例外が存在し，トレーニング刺激に対して「非特異的な」適応が起こりうるということ，そして，それは体力レベルの低いアス

リートで起こるということを知識として持っておくことは大切です。その一方で，そのような例外的な「非特異的な」適応というのはいつまでも続くわけではないので，多くの状況においては，「特異性の原則」にしたがって，適切なトレーニング内容を計画・実施することが重要になります。

　ちなみに，第1章で，技術の向上が主目的である「練習」をするだけでも，副次的効果として体力が向上することがあると説明しましたが，これもある意味，「特異性の原則」の例外の1つとして捉えることができるかもしれません。つまり，とくに体力レベルが低いアスリートの場合，練習をする中で起こるさまざまな身体内の変化が「過負荷」としての役割を十分に果たしてくれるため，「非特異的な」適応が起こり，副次的効果として体力が向上するということです。しかし，適応が進み体力レベルが高くなると，練習をするだけでは十分な過負荷を身体に与えることが難しくなります。そこからさらに体力を向上させるためには，練習だけではできないことを，練習から一度離れて，練習とは別に実施する必要がある，つまりトレーニングを取り入れる必要が出てくるわけです。

　最後に，誤解をしないように注意が必要な点について触れておきます。「特異性の原則」にも例外が存在するというと，「だったら，たまには『誤った競技特異的トレーニング』を実施してもいいってことじゃないか！」と思われる読者がいるかもしれません。つまり，本書では**「誤った競技特異的トレーニング」という考え方は「特異性の原則」を誤って解釈したものであり，そのようなトレーニングは実施すべきではない**と述べてきましたが，たまには「誤った競技特異的トレーニング」を使ってもいい，使ったほうが効果の出る例外があるのではないか，と誤解されてしまうかもしれないということです。しかし，これは間違いです。「特異性の原則」の例外というのは，すでに説明したように，トレーニング刺激（＝入力）に対して「非特異的な」適応（＝出力）も起こる場合があることを説明したものです。たとえば，ウエイトトレーニングをやって持久力が向上するような場合です。決して，たまには「誤った競技特異的トレーニング」をやってもよい，やったほうがよい場合がある，ということではありません。「誤った競技特異的トレーニング」

は根本的な考え方が間違っており，逆効果になるリスクもあるので，体力向上を主目的としたトレーニングとしては実施するべきではありません。そこに例外は存在しません。

6-2-4 「練習」の一環として，競技動作に外的な負荷をかける

本章では「誤った競技特異的トレーニング」というアプローチが，そのネーミングのとおり，いかに誤った考え方に基づいているかについて，多くのページを割いて説明してきました。では，競技動作に外的な負荷をかけることは，どんな場合でもダメなのでしょうか。私の考えでは，体力向上を主目的とする「トレーニング」としては，絶対にダメです。そこに例外は存在しません。その一方で，技術向上を主目的とする「練習」の一環としてやるのであれば，条件次第では OK です。

たとえば，適切な方向に力を発揮する「技術」を教えるために，その方向に外的な負荷をかけてあげるのは，技術を向上させるための「練習」の1つの手段としては，有効なことがあります。1つ例をあげると，スプリント動作の練習の一環として，壁を使ったウォールドリルなどを実施することがあります。この時に，指導者がアスリートの両肩に手を置いて斜め下（後ろ）方向に押してあげることで，適切な方向への力発揮を意識しやすくなったりします。つまり，外的な負荷をかけることで，適切な動きを意識しやすくなることがあるのです。したがって，競技動作を改善するための「練習」の一環として外的な負荷を用いることが，「絶対にダメ！」と反対する理由はありません。

ただし，「練習」の一環として外的な負荷を用いる場合には，細心の注意が必要です。何でもかんでも外的な負荷をかければ，競技動作の改善に繋がるわけではないからです。やり方次第ではマイナスに働くリスクもあります。競技動作に外的な負荷をかけてその動きの改善に繋げるためには，指導者に必要とされる前提条件が3つあります。

● 適切な動作（＝ゴール）を理解している

- 目の前のアスリートの現状を理解している
- 現状をゴールに繋げるための適切な負荷のかけ方（方向，タイミングなど）を理解している

これらの前提条件をクリアした指導者が，「練習」の一環として競技動作に外的な負荷をかけるのであれば問題ありません。しかし，これらを理解していない状態で深い考えもなしに外的な負荷をかけても，動作の改善に繋がらないどころか，悪化させてしまうリスクもあるので注意が必要です。

　また，外的な負荷を練習の一環として用いる場合には，指導者に求められる上記3つの前提条件以外にも，クリアするべき絶対的な条件があります。それは，「外的な負荷をかけることで,ケガのリスクが高まらないこと」です。「誤った競技特異的トレーニング」の問題点の1つとして説明したように,競技動作に外的な負荷をかけると,ケガに繋がるリスクがあります。これは,練習の一環として外的な負荷を用いる場合であっても変わりません。したがって，「トレーニング」としてではなく「練習」として外的な負荷を用いることを完全には否定しませんが，**もしケガのリスクが高まってしまうのであれば，たとえ「練習」の一環であっても，競技動作に外的な負荷をかけるべきではありません**。ケガのリスクを高めずに技術を向上させることができる他の手段を探すべきです。

　競技動作に外的な負荷をかけることについて私が深く考えるようになったきっかけは，大学院博士課程に在籍していた時に実施した研究です[35〜37]。具体的には,「スレッド走（sled towing）」と呼ばれる,重りを乗せたそり（スレッド）を引っ張りながら走るトレーニングを実施することで，スプリント加速能力（＝短い距離のスプリント能力）を向上させることができるかどうかについて研究しました。

　実際に研究を始める前の計画段階では，「スレッド走」ではスプリント動作そのものに外的な負荷をかけるので，スプリント動作に「特異的な」筋力が向上して，結果としてスプリント能力向上に繋がるだろうという仮説を立てました。つまり，当初は「スレッド走」のことを「スプリント動作に『特

「Train Movements, Not Muscles」ではなく 「Train Muscles For Movements」

　ウエイトトレーニングの哲学を表現する言葉に「train movements, not muscles（筋肉を鍛えるのではなく，動作を鍛える）」というものがあります。ウエイトトレーニングをやったら，筋肉が太くなって，スクワットの1RMも増えた（筋力が向上した）けれど，パフォーマンス向上には繋がらなかった…。そんな経験をしたS&Cコーチやアスリートにとっては，「train movements, not muscles」という考え方は心に響くものがあるでしょう。私自身，初めてこの言葉を聞いたときは，目からウロコが落ちるような感覚がありました。「そうだよな〜，筋肉だけ鍛えて見た目がよくなっても，動きが変わらなかったらアスリートの場合は意味ないよな〜」なんて思ったものです。

　それからしばらくは，ウエイトトレーニングの哲学として「train movements, not muscles」という言葉に疑いを持つことなく過ごしていました。しかし，S&Cコーチとしてアスリートのトレーニング指導の経験を積み，ウエイトトレーニングに対する私の考え方も洗練されてきた結果，「train movements, not muscles」という考え方に違和感をおぼえるようになりました。というのも，「train movements」という表現が，「誤った競技特異的トレーニング」に繋がってしまいかねないリスクがあるからです。

　とはいえ，「筋肉を鍛えるわけでもなく，動作を鍛えるわけでもないのであれば，ウエイトトレーニングではいったい何を鍛えているのか？」と問われた時に，わかりやすく説明できるだけの言葉を持ち合わせていませんでした。その問いに対する答えは，私の頭の中には存在していましたが，言葉で表現することができなかったのです。

　しかし，アメリカ人S&Cコーチ，Bob Alejo氏のSNS上での発信を見て，ピンときた言葉がありました。その言葉とは「train muscles for movements」です。日本語にすると「動作のために筋肉を鍛える」といったところでしょうか。

　この言葉は，私の頭の中に存在していた考え方を，とても美しくシンプルに表現してくれています。たとえば，スクワットをやる場合には，「なぜスクワットをやるのか」という目的を明確にしたうえで，その目的を達成するために最適な動作（＝フォーム）で実施します。そのスクワット動作は，実際の競技で求められる動作とは異なりますが，そのようなフォームでスクワッ

トを実施して筋肉を鍛えることが，競技動作の改善に繋がるという考え方です。

　また，単関節エクササイズやマシンエクササイズの多くは「train movements」ではなく「train muscles」タイプのエクササイズです。しかし，別にウエイトトレーニングで直接的に「動作」を鍛えなくても，特定の「筋肉」を鍛えることで，それが結果として競技における動作の改善に繋がるのであれば，目的は達成できます。目的に合致しているのであれば，単関節エクササイズもマシンエクササイズも手段としては有効なのです。

　ウエイトトレーニングに対する私の哲学は以下のような変遷をたどってきました。

　① train muscles（筋肉を鍛える）

　② train movements, not muscles（筋肉を鍛えるのではなく，動作を鍛える）

　③ train muscles for movements（動作のために筋肉を鍛える）

今後さらに変遷していく可能性はありますが，現時点では③がとてもしっくりきています。読者の方の参考になれば幸いです。

　ちなみに，この話は本書のテーマである「アスリートが勝つためのウエイトトレーニング」を前提にしたものです。たとえばボディビルダーのように見た目を改善したいのであれば，①の「train muscles」でまったく問題ありません。

異的な』ウエイトトレーニング」として捉えていたのです。これはまさに本書で批判してきた「誤った競技特異的トレーニング」的な考え方です。しかし，3年弱をかけて研究をした結果，そのような考え方を改めました。なぜなら，スプリント中の地面反力を調べた結果，「スレッド走」を8週間実施した前後でスプリント中の力発揮の「大きさ」には変化が見られなかったからです。つまり，「スレッド走」を実施することでスプリント動作に特異的な筋力が向上する（そして地面反力も大きくなる），という仮説の妥当性を裏づけることができなかったのです。その一方で，「スレッド走」を8週間実施した前後を比較すると，スプリント中の地面反力の「向き」が変化している傾向が見られました。具体的には，「スレッド走」を実施するこ

とで，地面反力のベクトルをより水平に寝かせることができるようになったのです。スプリントの加速局面においては，地面反力の水平方向成分の大きさが重要なので[49, 50]，これは好ましい変化だと考えられます。実際に，8週間の「スレッド走」の前後でスプリント加速能力の向上も見られました。力発揮の「大きさ」は向上せず「向き」が変わったというデータを見た時に，「スレッド走」によってスプリント動作に特異的な筋力が向上する，という当初の考えは否定された気持ちになりました。そして，力発揮の「向き」が変わったということは，「体力」の向上というよりも「技術」の変化・改善を意味しているのではないか，と考えるようになったのです。

　このような博士研究を経験したことで，私の「スレッド走」に対する認識は，「スプリント動作に『特異的な』ウエイトトレーニング」から「スプリント動作を改善するための練習の一環として外的な負荷を利用するもの」に変わりました。本章で説明してきたとおり，体力向上のためのトレーニングとして，競技動作に外的な負荷をかけること（＝誤った競技特異的トレーニング）には反対の立場ですが，その一方で「スレッド走」は，スプリント加速能力向上に効果がある有効な手段だと考えています。一見矛盾しているように思えますが，「スレッド走」を体力向上のための「トレーニング」ではなく，スプリント動作（とくに力発揮の向き）を改善するための「練習」の一環として捉えることで，私の頭の中では整合性が保たれています。

6-3　バリエーションの原則

　どの体力要素を向上させれば「勝ち」に近づくのかをニーズ分析によって見極めたうえで，そこから逆算して，その体力要素の向上に繋がる特異的な適応を引き起こすのに適したトレーニング刺激の種類を選択し（＝特異性），適切な強さのトレーニング刺激を身体に与え（＝過負荷），体力向上に伴いそのトレーニング刺激のレベルを少しずつ増やしていく（＝漸進性）。ここまでに紹介した「漸進性過負荷の原則」と「特異性の原則」に基づいて，このような形でトレーニングを進めていけば，効率的かつ効果的に体力を向上

させることができます。

　ここにプラスして，もう1つのトレーニングの原則である「バリエーションの原則」も考慮に入れてトレーニングを計画し実施できると，さらに体力向上効果を高めることが可能になります。「バリエーションの原則」は，日本語で紹介される「トレーニングの原理・原則」の中に含まれることは少ないものの，英語圏の文献では頻繁に登場する重要な概念です。本書でも，「漸進性過負荷の原則」と「特異性の原則」に並ぶ三大トレーニングの原則の1つとして，詳しく解説します。

6-3-1　なぜバリエーションが必要か

　「バリエーションの原則」というのは，まったく同じ内容のトレーニングを続けるのではなく，**エクササイズ・強度・量などのトレーニング変数を定期的に変化させる必要がある**ことを示しています。

> ● 「バリエーションの原則」
> 　エクササイズ・強度・量などのトレーニング変数を定期的に変化させる必要がある。

　では，なぜバリエーションが必要なのでしょうか。「漸進性過負荷の原則」と「特異性の原則」に基づいて決定したトレーニング内容を継続するだけではいけないのでしょうか。

　トレーニングにおいてバリエーションが必要な理由はいくつかあります。

① 身体が刺激に慣れて体力の伸びが鈍化するのを防ぐため
② モチベーションアップのため
③ 病気やオーバートレーニングのリスクを下げるため
④ 複数の体力要素を同時に向上させるのが難しいから

① 身体が刺激に慣れて体力の伸びが鈍化するのを防ぐため

「漸進性過負荷の原則」と「特異性の原則」に基づいてトレーニング内容を決定し，継続してトレーニングをしていれば，体力向上を達成できる確率は高まります。しかし，適切なトレーニングさえしていれば体力がいつまでも順調に向上し続けるわけではありません。まったく同じ内容のトレーニングを続けていれば，次第に体力の伸びは鈍化していくのです。

その理由の1つとしては，第5章でも紹介したように，トレーニング歴が長くなって体力レベルが高くなると，次第に伸びしろが減っていき，わずかな体力の向上を実現するために，以前よりも多くの労力と時間が必要になる，という現象（principle of diminishing returns）があげられます。

しかし，伸びしろの減少に伴い体力の向上が難しくなっていく現象は年単位で起こるものですが，もっと短いタイムスパンでも体力の伸びが鈍化することがあります。一般的に「プラトー」と呼ばれる現象です。このような例で体力向上が停滞してしまう原因の1つは，身体がトレーニング刺激に慣れてしまうことです（それ以外にも，疲労の蓄積，休養不足，栄養面の問題などの原因も考えられます）。

そもそもトレーニングというのは，身体がストレッサーを受けた時に，ホメオスタシス（生物の内部環境が一定に保たれている状態）を維持するために，さまざまな生理的調節が起こり，ストレッサーとストレス耐性を拮抗させようとする身体の仕組みを利用したものです。次に同じストレッサーを受けた時に，それに耐えられるように身体が変化する（結果として体力が向上する）わけです。そう考えると，たとえ，「漸進性過負荷の原則」に基づいて負荷を漸進させたとしても，まったく同じ種類のストレッサーを繰り返し身体に与え続けていると，次第にストレス耐性が整っていくことになり，さらなる生理的調節を起こす必要性が低下し，結果として体力の伸びが鈍化してしまうというのは，理屈として納得できるのではないでしょうか。

身体が刺激に慣れてしまい体力向上が停滞することを防ぐためには，トレーニングの内容にバリエーションをもたせる，つまり定期的にトレーニング変数を変化させることが大切です。身体に慣れていない新鮮な刺激を与えて，

生理的調節を起こす必要性を持たせ続けることが，継続して体力を向上させるためには重要なのです。

② モチベーションアップのため

　同じ内容のトレーニングを繰り返していると次第にその刺激に慣れてしまうというのは，身体面だけでなく心理面にも当てはまります。つまり，トレーニングの内容に変化がないと，アスリートが飽きてしまって，トレーニングに対するモチベーションが低下してしまう恐れがあります[4]。

　ウエイトトレーニングでは，アスリートのモチベーションは非常に大切です。モチベーションを高く保ってトレーニングに集中することができれば，適切な身体の動かし方（＝フォーム）もしっかりと意識できるし，より高重量を使ったトレーニングができます。結果として，トレーニング中のケガのリスクを最小限に抑えつつ，体力向上効果も高めることが可能となります。

　逆に，モチベーションが低下している状態でウエイトトレーニングをすると，身体の動かし方への意識が低くなり，それがケガに繋がったり，狙った筋群を使わない動きになってしまい，求めた体力向上が得られなくなる恐れがあります。また，モチベーションが低いと挙上重量や挙上速度なども低下してしまうため，結果として体力向上効果も下がってしまうでしょう。

　したがって，定期的にトレーニング変数を変えることで，アスリートのモチベーションを高く維持することができれば，長期的に見ると，トレーニング効果を高めて継続的に体力を向上させることに繋がります。

③ 病気やオーバートレーニングのリスクを下げるため

　トレーニング変数にバリエーションをつけずにまったく同じ内容のトレーニングを継続していると，体力の伸びが鈍化する，つまりトレーニング効果が低下するだけでなく，病気やオーバートレーニングのリスクが高まる恐れがあることも指摘されています[23, 24, 62]。

　トレーニングの内容を変えないことで，中枢神経系に問題が起こるのが原因ではないかと推測している研究者もいますが[62]，そもそもこのテーマに

ついての研究が少なく，そのメカニズムなどについてはよくわかっていないのが現状です。とはいえ，特にオーバートレーニングは身体面だけでなく心理面も原因となる可能性があるため，前述した「モチベーションの低下」を含む心理的なメカニズムが働いて，オーバートレーニングのリスクが高まることは十分考えられます。

　トレーニング内容に変化がないことで，本当に病気やオーバートレーニングになってしまうリスクがあるかどうかについては，まだまだ未解明の部分が多いのが現状です。しかし，仮に病気やオーバートレーニングになってしまった場合，そのリスクの深刻度は非常に大きいので，予防措置として，できるだけそのリスクを避けるような工夫をしておくことには意味があるでしょう。

　たとえば，風邪をひいてウエイトトレーニングを1週間休んだ場合，休み明けに休み前と同じ強度・量でトレーニングを再開することは現実的ではありません。最初は軽めの強度や量で再開し，徐々に休み前と同じ強度・量まで上げていくのが一般的でしょう。つまり，ウエイトトレーニングを休んだ1週間だけトレーニング効果がゼロになるのではなく，再開後の1〜2週間もトレーニング効果が下がってしまうのです。そう考えると，風邪をひかずに継続してウエイトトレーニングを実施できていた場合と比べると，かなり大きな違いとなってしまうことになります。

　また，病気の場合は，手術や長期療養が必要な深刻なものでなければ，一時的に休養すれば比較的短期間でコンディションを回復させることが可能です。しかし，オーバートレーニングの場合，回復に何ヵ月も要する場合があり，その深刻度は相当大きなものになります。

　すでに説明したように，トレーニング変数にバリエーションをつけずにまったく同じ内容のトレーニングを継続することが，本当に病気やオーバートレーニングに繋がるのかどうか，については科学的にも未解明ですが，実際に病気やオーバートレーニングになってしまった場合の被害は甚大です。だからこそ，定期的にトレーニングの内容に変化をつけることでそのようなリスクを避けることができる可能性が少しでもあるのであれば，バリエーショ

ンを取り入れることの十分な理由になるのではないでしょうか。もちろん，バリエーションを取り入れた場合のデメリットとの兼ね合いを考えたうえでの話です。

④ 複数の体力要素を同時に向上させるのが難しいから

ウエイトトレーニングを実施することで，筋肥大・筋力の向上・爆発的パワーの向上など，さまざまな体力要素を向上させることができます。

「特異性の原則」の例外の項でも説明したように，ウエイトトレーニング初級者の場合は体力向上の伸びしろが大きく残されているので，どのような内容のウエイトトレーニングを実施しても，あらゆる体力要素を向上させることができます。つまり，筋肥大・筋力向上・爆発的パワー向上などを同時に実現することが可能なのです。

しかし，ある程度ウエイトトレーニング経験を積んだアスリートの場合はそれが難しくなるので，向上させたい体力要素を絞り込んだうえで，その狙った特異的な適応を引き起こすのに適したトレーニング内容を選択することが重要になります。筋肥大を最大化させるようなトレーニングのやり方と，筋力を最大限向上させるようなトレーニングのやり方と，爆発的パワーを最大限向上させるようなトレーニングのやり方は異なるので，どれを目的にするのかを明確にしたうえで，目的に合ったトレーニングの内容に集中する必要があるのです。

しかし，競技によっては，筋肥大も筋力向上も爆発的パワー向上も全部が必要だ，というものがあります。そのような場合に，筋肥大のためのトレーニング，筋力向上のためのトレーニング，爆発的パワー向上のためのトレーニングのすべてをやろうとするのは，現実的ではありません。すべて詰め込もうとするとトレーニング量が多くなりすぎ，時間がかかるし，疲労も蓄積してしまい，練習に悪影響を与える恐れがあるからです。

仮に，練習に悪影響を与えないようにそれらすべてのトレーニングをこなすことができたとしても，狙った目的をすべて達成できるかどうかは疑わしいでしょう。「二兎を追う者は一兎をも得ず」という諺があるように，複数

のトレーニング目標を追いかけると，結局のところすべてが中途半端になってしまい，どの目標も達成できなくなってしまう恐れが大きいのです。

　明確な科学的根拠はなく少し感覚的な話になりますが，アスリートがトレーニングをした時に「適応」のために使うことができるエネルギーの量には限りがあるはずです。それをたとえば「筋肥大」という1つの目的に集中させた場合には大きなトレーニング効果を得ることができますが，それを「筋肥大」「筋力向上」「爆発的パワー向上」に分散させてしまうと，1つひとつのトレーニング効果が薄くなってしまいます。つまり，トレーニング初級者でもない限り，複数の体力要素を同時に向上させるのは難しいのです。

　とはいえ，現実的に筋肥大も筋力向上も爆発的パワー向上も全部が重要である競技は存在します。そのような場合の解決策の1つが，**「ペリオダイゼーション（期分け）」**と呼ばれる方法です。具体的には，**トレーニング期間全体を特定の目的を持った短い期間に区切り，各期間においてはその目的を達成することに集中して，それに適したトレーニングを実施するという方法**です。たとえば，3ヵ月のトレーニング期間を「筋肥大期」「筋力期」「爆発的パワー期」という1ヵ月ごとの短い期間に分け，「筋肥大期」では筋肥大を最大化するようなトレーニングプログラムを実施し，「筋力期」では筋力向上を最大化するようなトレーニングプログラムを，「爆発的パワー期」では爆発的パワー向上を最大化するようなトレーニングプログラムを実施します。つまり，複数の体力要素を「同時に」向上させることが難しいのであれば，各体力要素に集中して強化するタイミングをずらすことで，長期的な計画の中で複数の体力要素を「順番に」向上させていこうという戦略が「ペリオダイゼーション」です。

　「ペリオダイゼーション」を採用すると，区切られた短い期間ごとにウエイトトレーニングの主目的が変わるため，定期的にエクササイズ・強度・量などのトレーニング変数を変化させることになります。これはまさに「バリエーションの原則」にしたがってウエイトトレーニングを進めるということです。

　逆の見方をすると，ウエイトトレーニングにおいてバリエーションが必要

な理由の 1 つは，複数の体力要素を「同時に」向上させることは難しいので，各体力要素を集中的に強化するタイミングをずらして「順番に」向上させるため，ということもできます。

6-3-2 バリエーションは諸刃の剣

「バリエーションの原則」は非常に重要な概念であり，トレーニング計画を立てる時には必ず考慮に入れるべきです。トレーニングプログラムに適切なバリエーションを取り入れることができれば，トレーニング効果が高まり，継続して体力を向上させることができるようにもなります。

その一方，「バリエーションの原則」はうまく使いこなすのが難しく，扱い方を誤ってしまうと，逆にトレーニング効果を下げてしまったり，競技パフォーマンスに悪影響を与えたりする恐れがあります。つまり，バリエーションは「諸刃の剣」なのです。

「漸進性過負荷の原則」は最も重要なトレーニングの原則，「特異性の原則」は最も誤って理解されているトレーニングの原則，と表現しましたが，「バリエーションの原則」は最も扱いが難しいトレーニングの原則，もしくは最も S&C コーチの腕が試されるトレーニングの原則，と呼ぶことができるでしょう。

「諸刃の剣」とは，良い面と悪い面を併せ持つものをたとえた表現です。バリエーションの良い面とは，すでに述べたように，身体が刺激に慣れて体力の伸びが鈍化するのを防ぐ，モチベーションを上げる，病気やオーバートレーニングのリスクを下げる，複数の体力要素の向上を可能にする，といった点があげられます。バリエーションをうまく取り入れることができれば，これらのメリットを享受して，継続して体力を向上させることができるようになります。

その一方，バリエーションの扱い方を誤ると，これらのメリットが享受できなくなるだけでなく，デメリットが発生する恐れもあります。とはいえ，失敗を恐れてバリエーションを取り入れることを諦めてしまうと，メリットを享受できなくなります。「バリエーションの原則」に対する正しい向き合

い方は，そのメリットとデメリットを認識したうえで，デメリットをできる
だけ抑えつつ，メリットを最大限に享受できるように戦略を立てることです。
　トレーニングの内容にバリエーションを取り入れる際に起こりうるデメリ
ットはいくつかあげられます。

① 筋肉痛になりやすい
② エクササイズの習得に時間を費やす必要がある
③「漸進性過負荷の原則」を適用するのが難しくなる

① 筋肉痛になりやすい

　ウエイトトレーニングを実践したことがあれば，トレーニングの翌日や
翌々日に遅れてやってくる筋肉痛を経験したことがあるはずです。正確には
「**遅発性筋肉痛（delayed onset of muscle soreness：DOMS）**」と呼ばれ
るものです。「筋肉痛が来るとトレーニングをやった満足感がある（からそ
れが好き）」とか「筋肉痛が来ないとトレーニングの強度や量が足りなかっ
たのではないかと不安になる」という人もいるでしょう。結果として，筋肉
痛になるかどうかを基準にして，トレーニングの内容を決めてしまうことが
あるかもしれません。趣味でウエイトトレーニングをやっているのであれば，
それで問題ありません。しかし，筋肉痛があると競技の練習や試合における
パフォーマンスが悪影響を受けるため，アスリートが競技力向上のための手
段としてウエイトトレーニングを実施するのであれば，筋肉痛はできるだけ
避けたいところです。たとえば，筋肉痛が残っている状態で練習をすると，
技術習得が阻害されることを示唆する研究結果も報告されています[42]。ま
た，筋肉痛の有無とトレーニング効果はそもそも比例しないので，適切なや
り方でトレーニングが実施できているのであれば，筋肉痛が来なくても心配
する必要はありません[54]。
　ウエイトトレーニングにはつきものの筋肉痛ですが，継続してトレーニン
グをしていると，次第に身体が慣れて筋肉痛が起こりづらくなる，という
のは誰しも経験したことがあるはずです。これは「**repeated bout effect**」

と呼ばれる現象で、同じ内容のトレーニングを繰り返していると、筋肉の
ダメージや筋肉痛の程度が小さくなることが研究によっても確認されてい
ます[15, 46, 47]。

　ただし、この繰り返しによる「repeated bout effect」が起こるのは、基
本的には過去に経験をしたことのあるトレーニング刺激が対象です。これま
でに経験したことのない新しい刺激を身体が受けた時には「repeated bout
effect」は適用されないので、筋肉痛になる可能性は高まります。

　また、「repeated bout effect」は1回トレーニングを実施するだけで、そ
の効果が少なくとも数週間、場合によっては半年以上持続することが研究に
よっても報告されていますが、その効果の大きさは、時間が経つと次第に
低下してしまいます[56, 57]。たとえば、数週間ぶりに特定のエクササイズを
実施するような場合、以前にそのエクササイズを実施していた時に獲得した
「repeated bout effect」はすべて失われているわけではなく、多少は残って
いますが、その効果は小さくなっているので、筋肉痛になる可能性は高いと
いうことです。

　ここで話を「バリエーションの原則」に戻すと、トレーニング変数を操作
してバリエーションをつけるということは、新しい刺激を身体に与えると
いうことです。すでに説明したように、身体が刺激に慣れて体力の伸びが鈍
化してしまったりモチベーションが低下してしまったりするのを防ぐために
は、新しい刺激を身体に与えることが重要です。しかしその一方で、新しい
刺激を身体に与えると、筋肉痛が引き起こされやすくなります。身体が慣れ
ていない新しい刺激には「repeated bout effect」が効かないので。まさに
「諸刃の剣」です。たとえば、これまで腕立て伏せをやっていたのをベンチ
プレスに変えたり、3セット×3レップでトレーニングしていたのを3セッ
ト×10レップに変えたりすると、身体がその新しい刺激に慣れていないた
め、筋肉痛になる確率が高まります。もちろん、変更したトレーニングプロ
グラムをその後も継続して実施していれば、「repeated bout effect」によっ
て次第に筋肉痛が起こりづらくなります。つまり、バリエーションをつけて
トレーニング変数を操作するタイミングでは、筋肉痛が起こる確率が高まる

というのが，バリエーションのデメリットの1つです。

　この「筋肉痛」というデメリットを完全に防ぐことは難しいです。とくに，「バリエーションの原則」に従って定期的にトレーニング変数を操作するのであれば，バリエーションをつけるタイミングである程度の筋肉痛が発生してしまうのは不可避だともいえます。そうであるならば，トレーニング内容にバリエーションをつける時には筋肉痛が発生するものだと認識したうえで，そのタイミングをコントロールしたり，一時的にトレーニング負荷を下げて筋肉痛の程度を抑えたりするなどの工夫をする必要があります。

　たとえば，重要な試合前の時期にバリエーションをつけてトレーニング内容を変更するのは得策ではありません。筋肉痛が残ってしまい，最適なパフォーマンスを発揮することが難しくなるからです。ある意味，重要な試合の前は，トレーニング内容にバリエーションをつけるタイミングとしては最悪だともいえます。バリエーションをつけるのであれば，試合からできるだけ離れたタイミングで実施し，筋肉痛による悪影響が試合でのパフォーマンスに及ばないように配慮することが大切です。つまり，バリエーションをつけるタイミングにおいて筋肉痛が発生することを完全に防ぐのが難しいのであれば，筋肉痛が発生すると困るようなタイミングではバリエーションをつけないようにし，多少の筋肉痛が発生しても大きな問題にはならないようなタイミングを狙ってバリエーションをつけるような工夫が必要になるのです。

　また，バリエーションをつけるタイミングをコントロールするだけでなく，そのタイミングにおいてトレーニング負荷を一時的に減らすという工夫も有効です。たとえば，ペリオダイゼーションの考え方に基づいて4週間ごとにトレーニングの内容を変えるのであれば，バリエーションをつけるタイミング，つまり各4週間のブロックの最初の1週目は，トレーニングの負荷を減らす「軽めの週」に設定するというようなやり方です。実際に，トレーニングの強度や量を減らすと，筋肉痛や筋ダメージの程度が小さく抑えられることが研究によっても報告されているので[9, 55, 58]，バリエーションをつけるタイミングで一時的にトレーニング負荷を減らすという工夫は，筋肉痛を抑えるためには有効であると考えられます。

ただし，トレーニング負荷を減らすということは，体力向上効果も一時的に低下するということでもあるので，その点は認識しておく必要があります。とはいえ，ウエイトトレーニング初級者でない限り，数週間に1回ほどの頻度でトレーニング負荷を減らし，蓄積した疲労を取り除くことでpreparednessを高めるような時期を設けることはメリットが大きいので，一時的な体力向上効果の低下というデメリットはそれほど気にする必要はないでしょう。

② エクササイズの習得に時間を費やす必要がある

これは「エクササイズ」というトレーニング変数にバリエーションをつける場合に限定されることですが，エクササイズを変えた直後は正しいフォームを習得する必要があるため，高い負荷でトレーニングを行うことが難しく，結果として一時的にトレーニング効果が低下してしまう恐れがあります。

たとえば，初めてデッドリフトを導入する時に，能力としては100 kgを挙げられるだけの筋力を持っていたとしても，まずは正しいフォームを身につけるために，60 kg程度の軽い重量からトレーニングを開始するような場合があります。健康的にトレーニングを実施したり，狙った筋群に対してトレーニング刺激を与えたりするためには，正しいフォームを身につけることは必要不可欠なステップです。しかし，その一方で，フォーム習得期間中は十分な過負荷を身体に与えることが難しくなるため，一時的にトレーニング効果が下がってしまうことが避けられません。これがバリエーションによるデメリットの1つです。

エクササイズを変更したタイミングで，どの程度重量を軽くする必要があるのか，フォーム習得にどの程度の期間がかかるのか，にはさまざまな要因が影響を及ぼします。たとえば，これまで一度も実施したことのないエクササイズを導入する場合は，より軽い重量から始めなければならないし，正しいフォームの習得にもより長い期間がかかるものと想定されます。一方，過去に何度も実施したことのあるエクササイズを再導入する場合や，同じエクササイズの手幅や足幅を変える程度のマイナーなバリエーションの場合は，

重量を大幅に軽くしてトレーニングする必要性は低く，正しいフォーム習得に必要な期間も短くて済むはずです。結果として，デメリットも最小限に抑えることができるでしょう。

　この事実からさらにいえるのは，トレーニング歴やトレーニング習熟度によっても，エクササイズ変更というバリエーションがもたらす影響の大きさが異なるということです。たとえば，さまざまなエクササイズを実施した経験があり，各エクササイズにおける正しいフォームについて精通しているトレーニング上級者の場合は，エクササイズを変更してもすぐに正しいフォームで実施できる可能性が高いので，フォーム習得のために負荷を下げないとならない期間（＝トレーニング効果が下がってしまう期間）は最短で済むでしょう。一方，トレーニング歴が短い初級者の場合は，正しいフォームを習得しているエクササイズの数が少なく新たなエクササイズを1から習得しないとならない場合も多く，また，過去に実施したことのあるエクササイズであっても，少し期間が空いて久しぶりに実施するような場合は，正しいフォームを思い出すのに時間がかかる可能性が高いので，エクササイズにバリエーションをつける時にはより注意が必要です。

　エクササイズにバリエーションをつけると一時的にトレーニング効果が下がる恐れがあるということを知っておけば，トレーニング計画を立てる時にさまざまな工夫をすることが可能になります。たとえば，試合のないオフシーズンの強化期間中にしっかりとトレーニングを積んでフィットネスを高めたいという場合では，できるだけエクササイズは変えずにしっかりと過負荷をかけることを優先するとか，あるいは，蓄積した疲労を取り除くためにトレーニング負荷を減らすタイミングと新しいエクササイズを導入するタイミングを合わせるというのもよい考え方です。つまり，エクササイズを変えるタイミングにおいて，正しいフォームを習得するために一時的にトレーニング負荷を下げざるをえないのであれば，そもそもトレーニング負荷を下げる予定であった時期に合わせてエクササイズを変えるようにすれば，デメリットがデメリットでなくなるということです。

　後者はとてもよい方法ですが，1つだけ気をつけてください。それは，エ

クササイズを変えるタイミングでトレーニング負荷を減らせば疲労も取り除かれますが，筋肉痛が起きる可能性は残っているということです。新しいエクササイズを導入する時は，たとえフォーム習得のために軽い重量でトレーニングを実施したとしても，身体が慣れていない新しい刺激が加わることには変わりないので，筋肉痛は起こりやすいのです。したがって，エクササイズ変更のタイミングと疲労を取り除くためにトレーニング負荷を減らすタイミングを合わせるのはよいのですが，筋肉痛が起こるリスクは残っているので，重要な試合前のテーパリング期間中などにエクササイズを変えるようなことは控えたほうがよいでしょう。

③「漸進性過負荷の原則」を適用するのが難しくなる

トレーニング変数をあまりにも頻繁に変えてしまうと，「漸進性過負荷の原則」を適用することが難しくなり，結果としてトレーニング効果も下がってしまう恐れがあります。

たとえば，同じエクササイズを同じセット数×レップ数で少なくとも数週間継続して実施すれば，どの程度の重量が「過負荷」レベルにあたるのかを見極めることができるし，身体が適応して楽になってきたら重量を増やして漸進させることも容易です。一方，エクササイズやセット数×レップ数をセッションごとに変えて，2回と同じ内容のトレーニングを繰り返さないという極端なやり方では，「過負荷」レベルにあたる適切な重量を見極めることが難しくなり，さらには長期的にトレーニング負荷を漸進させることも困難になります。たとえば，今日はバックスクワットを3セット×10レップ実施して，その次のセッションではフロントスクワットを5セット×3レップ，さらにその次のセッションではブルガリアンスプリットスクワットを4セット×5レップ実施する，といったプログラムでは，仮にバックスクワットを100 kgで実施するのが適切な過負荷だったとしても，フロントスクワットとブルガリアンスプリットスクワットをどのくらいの重量で実施すると相対的に同じ程度の過負荷にあたるのか，そして，負荷を漸進させたいのであれば，どの程度の重量に設定すればいいのかを見極めるのが非常に

困難です。

　例外として，ウエイトトレーニング上級者の場合は，さまざまなエクササイズにおいて○セット×○レップでやる場合は○kgがギリギリこなせる重量である，というデータが蓄積されていて，しかもそれらの数値が短期間で大きく変わる可能性は低いので，かなり頻繁にバリエーションを取り入れつつ「漸進性過負荷の原則」も適用することは不可能ではありません。しかし，パワーリフティングやウエイトリフティングのようなバーベル競技以外で，競技力向上のための手段としてウエイトトレーニングを実施しているアスリートの場合，「ウエイトトレーニング上級者」と呼べるレベルに到達している人はほんの一握りです。それ以外の大多数のアスリートの場合，ウエイトトレーニングにバリエーションを過剰に取り入れてしまうと，「漸進性過負荷の原則」を適用することが難しくなり，狙ったほどの体力向上の効果を得られなくなるリスクのほうが高いでしょう。したがって，「漸進性過負荷の原則」と「バリエーションの原則」の間で，適度なバランスをとることが求められます。

6-3-3　バリエーション vs. ランダムネス

　ここまで説明したように，トレーニング変数を定期的に変化させることで，さまざまなメリットを享受することができます。つまり，「バリエーションの原則」に基づいてトレーニングの内容を決定し実践すれば，トレーニング効果を高めて，継続的に体力を向上させることが可能になるのです。さらに「バリエーションの原則」を有効活用し，トレーニング効果をより高めるために理解しておくべき考え方があります。それは，バリエーションとは，ランダムにトレーニング変数を変えることと同じではない，ということです。

　「バリエーションの原則」が説明するところの「バリエーション」は，単にトレーニング変数を定期的に変化させるだけでなく，計画性や意図を持ってそれを実行するという意味合いが含まれています。一方，ランダムにトレーニング変数を変える「ランダムネス」は，サイコロを振って出た目によってトレーニング変数を決めるようなイメージであり，計画性や意図を持った

「バリエーション」とは異なります。

　たとえ無作為な「ランダムネス」であっても，トレーニング変数を定期的に変えさえすれば，身体が刺激に慣れて体力の伸びが鈍化するのを防ぐ，モチベーションを上げる，病気やオーバートレーニングのリスクを下げる，といったメリットを享受することは可能です。しかし，複数の体力要素を戦略的に向上させることは難しいでしょう。

　また，「ランダムネス」という形でトレーニング変数を定期的に変える場合は，筋肉痛になりやすい，エクササイズの習得に時間を費やす必要がある，「漸進性過負荷の原則」を適用するのが難しくなる，といったデメリットを抑えることが難しくなります。つまり，「ランダムネス」では，「諸刃の剣」を制御して「メリット＞デメリット」の状況を狙って作り出すことができないのです。

　したがって，トレーニングを計画する時には，ランダムにトレーニング変数を変えるのではなく，「どういう順番で，どのくらいの周期で，どのタイミングで，どのような効果を狙って，どのトレーニング変数を変えるのか」を徹底的に突き詰めて考えたうえで，計画性や意図を持ってバリエーションを採用することが重要です。

6-3-4　バリエーションの原則の例外

　他のトレーニングの原則と同様，「バリエーションの原則」にも例外が存在します。バリエーションは諸刃の剣であると説明しましたが，どれだけ工夫をしてもバリエーションをつけることによるデメリットがメリットを上回ってしまうことがあります。そのような場合は，あえてバリエーションを取り入れない，もしくはバリエーションの頻度や程度を最小限に抑える，という選択をする必要があります。それが「バリエーションの原則」の例外ということです。

　たとえば，すでに触れたように，重要な試合の前はできるだけバリエーションを避けたほうがよいでしょう。筋肉痛というデメリットを防ぐためです。重要な試合の前だからこそ，普段やっていない何か特別なことをやりたいと

考える競技コーチやアスリートも少なくないかもしれませんが，それはあまりよい考えではありません。少なくとも体力面に関しては，特別なことをしようとせずに，これまでやってきたことを粛々と継続しつつ，疲労を取り除くためにテーパリングを導入するのが最適なやり方です。そこにバリエーションは必要ありません。どうしても重要な試合の前に普段やっていない何か特別なことをやりたいのであれば，お寺や神社に祈願に行くとか，チーム内の結束を高めるためにみんなで食事に行くとか，心理面に関する特別なことをやってください。それであれば，筋肉痛などバリエーションによるデメリットを避けることができます。

　同様に，単発の重要な試合の前だけでなく，数週から数ヵ月続くようなプロスポーツや大学スポーツなどのシーズン中も，ウエイトトレーニングにおけるバリエーションはできるだけ控えたほうがよいでしょう。筋肉痛によって試合でのパフォーマンスに悪影響を与えるリスクを抑えるためです。

　とはいえ，シーズンが何ヵ月も続くような場合には，バリエーションを一切つけずにまったく同じ内容のトレーニングを継続することによるデメリットが，バリエーションを導入することによるデメリットを上回る恐れがあるので，多少のバリエーションを導入したほうがよい場合もあります。そのような状況において，どのくらいの頻度でどの程度のバリエーションをどのタイミングで取り入れたらよいのかを判断するためには，本書で説明してきたさまざまなことを考慮に入れて，さらには目の前のアスリートやチームの状態を見極めたうえで，ベストと思われる選択をする必要があります。まさにS&Cコーチの腕の見せ所であり，「考える」能力が問われる場面でもあります。

　さらにもう1つ，バリエーションの原則が当てはまらない例外にあたるのが，ウエイトトレーニング初級者の場合です。まだウエイトトレーニングにおける正しいフォームを習得できていないケースが多いので，「バリエーションの原則」に基づいて実施するエクササイズを定期的に変えてしまうよりも，基礎的なエクササイズに絞り込んでそれらを継続してやり込んだほうが，正しいフォームの習得が早まり，結果として体力向上効果も高まるはず

です。

　また，ウエイトトレーニング初級者は，まだまだ伸びしろが大きく残っているので，「漸進性過負荷の原則」にしたがってトレーニング負荷（主に挙上重量）をどんどん増やしていくことができます。この段階では，エクササイズのみならず，セット数 × レップ数などの他のトレーニング変数にもバリエーションを取り入れる必要性は低いでしょう。むしろ，この段階で過度なバリエーションを取り入れてしまうと，ウエイトトレーニング初級者だけに許された「トレーニングをすればするほど体力が向上する（＝体力向上のスピードが速い）」というメリットを最大限活かすことができなくなってしまう恐れがあります。

　ウエイトトレーニングを始めたばかりの段階ではバリエーションのことは一切考えず，エクササイズやセット数 × レップ数などのトレーニング変数は固定して，行けるところまでどんどん挙上重量を増やし続けて，それが難しくなってきた時点で初めてバリエーションの導入を考え始めるくらいでちょうどよいでしょう。

あとがき

　本書では，タイトルのとおり，競技力向上のためのウエイトトレーニングの考え方について解説をしました。説明をできるだけシンプルでわかりやすくするために，あえてテーマを「ウエイトトレーニング」に絞りましたが，基本的な考え方については，持久力トレーニングなどの他のタイプのトレーニングにも当てはまるものです。

　書き終えた文章を自分で読み返してみて，「当たり前のことしかいっていない」「難しいことは一切書いていない」という感想を持ちました。実際に，本書でカバーした内容の多くは，私が大学生の時にはすでに「知っていた」ものです。「こんなに当たり前の内容を本にしていいのだろうか？」と思ったほどです。

　しかし，そもそも本書を執筆することを決めた理由は，知っていて当然と思われるような基本的な考え方を理解できていないがゆえに，競技力向上に繋がるとは思えないようなトレーニングを実施している（させられている）アスリートがあまりにも多い現状を目にしてきたからです。そして，その現状を変えたいという強い想いがあったからです。

　少なくとも，スポーツ系の学校を卒業していたり，スポーツ関連の資格を持っていたりする指導者であれば，本書でカバーした内容は「知っている」はずです。たとえば，第6章で取り上げた「トレーニングの原則」は，トレーニングや生理学の勉強をしたことがある読者であれば，必ず聞いたことがあるはずの内容です。しかし，ここでいう「知っている」というのは，耳にしたことがある，聞いたことはある，知識としては持っている，というレベルでの「知っている」にすぎません。ただ言葉を「知

っている」のと，その意味を理解して使いこなせるのとでは，大きな違いがあります。

　私が本書で目指したのは，後者のような深いレベルでトレーニングについてのさまざまな考え方を理解して使いこなせる指導者やアスリートを1人でも増やすことです。逆にいうと，ただ言葉を「知っている」だけのレベルにとどまり，その意味をより深いレベルで理解できていない指導者やアスリートが多いのではないかという危機感があったということです。

　本書でカバーした内容をしっかりと理解して使いこなせるようになれば，「有名なアスリートや強いチームがやっているから，効果のあるトレーニングに違いない（だから真似しよう）」とか「インターネットで見つけた，もしくは本に書いてあったプログラムをそのまま試してみよう」といった単純な思考回路から脱却し，もっと本質的な理由でトレーニングの最適な方法を自らの頭を使って模索し，選択することができるようになるはずです。それができれば，トレーニングが競技力向上に繋がる可能性は大きく高まるでしょう。

　本書では，トレーニングの具体的な方法論についてはほとんど触れていません。それを物足りないと感じた読者もいるかもしれません。しかし，具体的な方法論，つまりハウツーものに関する情報はすでに世の中にあふれています。探そうと思えばいくらでも見つけることができます。問題は，そうしたハウツーものの中には間違っている情報や読者の目的には合っていない内容が数多く含まれていることです。だからこそ，まずは「なぜアスリートがトレーニングをする必要があるのか？」というWhyの部分の考え方を理解しておくことが，これからの時代では求められます。

　基本となる考え方さえ理解できていれば，世の中にあふれている方法論やハウツーものの情報の真偽を見極めたり，目の前のアスリートに当てはまるかどうかを判断したりできるようになります。つまり，本書で取り扱った「考え方（＝Why）」を理解することで，HowやWhatに関

する情報をより上手に活用できるようになるということです。

　最後に，本書で説明した「考え方」を知っておくことも大切ですが，それ以上に大切なのは，自分の頭を使って考える癖をつけていただくことです。ぜひ，何事も疑ってかかり，「なぜ，そうなのだろう？」と常に考えることを習慣にしてみてください。教科書に載っていようが，有名な大学教授がいっていようが，実績のあるアスリートがやっていようが，関係ありません。本書に書かれている内容でさえも鵜呑みにせず，ご自身の頭でよく考えたうえで，納得できる部分だけを取り入れてください。もし，納得できない部分があったら，なぜ納得できないのか，どこが間違っているのか，あなただったらどう考えるのか，をトコトン突き詰めて自問自答してみてください。

　本書をお読みいただき，1つだけ身につけていただきたいものがあるとしたら，それは「常に自分の頭で考え続ける習慣」です。

参考文献

1. Al Attar WSA, Soomro N, Sinclair PJ, Pappas E, and Sanders RH. Effect of injury prevention programs that include the Nordic hamstring exercise on hamstring injury rates in soccer players: a systematic review and meta-analysis. *Sports Med* 47: 907-916, 2017.

2. Banister EW, Calvert TW, Savage MV, and Bach T. A systems model of training for athletic performance. *Aust J Sports Med* 7: 57-61, 1975.

3. Bartholomew JB, Stults-Kolehmainen MA, Elrod CC, and Todd JS. Strength gains after resistance training: the effect of stressful, negative life events. *J Strength Cond Res* 22: 1215-1221, 2008.

4. Baz-Valle E, Schoenfeld BJ, Torres-Unda J, Santos-Concejero J, and Balsalobre-Fernandez C. The effects of exercise variation in muscle thickness, maximal strength and motivation in resistance trained men. *PLoS One* 14: e0226989, 2019.

5. Berryman N, Mujika I, Arvisais D, Roubeix M, Binet C, and Bosquet L. Strength training for middle- and long-distance performance: a meta-analysis. *Int J Sports Physiol Perform* 13: 57-63, 2018.

6. Bobbert MF and Van Soest AJ. Effects of muscle strengthening on vertical jump height: a simulation study. *Med Sci Sports Exerc* 26: 1012-1020, 1994.

7. Bowen L, Gross AS, Gimpel M, and Li FX. Accumulated workloads and the acute : chronic workload ratio relate to injury risk in elite youth football players. *Br J Sports Med* 51: 452-459, 2017.

8. Broatch JR, Petersen A, and Bishop DJ. The influence of post-exercise cold-water immersion on adaptive responses to exercise: a review of the literature. *Sports Med* 48: 1369-1387, 2018.

9. Brown SJ, Child RB, Day SH, and Donnelly AE. Exercise-induced skeletal muscle damage and adaptation following repeated bouts of eccentric muscle contractions. *J Sports Sci* 15: 215-222, 1997.

10. Burke LM. Nutrition for post-exercise recovery. *Aust J Sci Med Sport* 29: 3-10, 1997.

11. Bushnell BD, Anz AW, Noonan TJ, Torry MR, and Hawkins RJ. Association of maximum pitch velocity and elbow injury in professional baseball pitchers. *Am J Sports Med* 38: 728-732, 2010.

12. Busso T, Hakkinen K, Pakarinen A, Carasso C, Lacour JR, Komi PV, and Kauhanen H. A systems model of training responses and its relationship to hormonal responses in elite weight-lifters. *Eur J Appl Physiol Occup Physiol* 61: 48-54, 1990.

13. Carey DL, Blanch P, Ong KL, Crossley KM, Crow J, and Morris ME. Training loads and injury risk in Australian football-differing acute : chronic workload ratios influence match injury risk. *Br J Sports Med* 51: 1215-1220, 2017.

14. Chalmers PN, Erickson BJ, Ball B, Romeo AA, and Verma NN. Fastball pitch velocity helps predict ulnar collateral ligament reconstruction in major league baseball pitchers. *Am J Sports Med* 44: 2130-2135, 2016.

15. Clarkson PM, Nosaka K, and Braun B. Muscle function after exercise-induced muscle damage and rapid adaptation. *Med Sci Sports Exerc* 24: 512-520, 1992.

16. Cormie P, McGuigan MR, and Newton RU. Adaptations in athletic performance after ballistic power versus strength training. *Med Sci Sports Exerc* 42: 1582-1598, 2010.

17. Croisier JL, Ganteaume S, Binet J, Genty M, and Ferret JM. Strength imbalances and prevention of hamstring injury in professional soccer players: a prospective study. *Am J Sports Med* 36: 1469-1475, 2008.

18. Cunanan AJ, DeWeese BH, Wagle JP, Carroll KM, Sausaman R, Hornsby WG, 3rd, Haff GG, Triplett NT, Pierce KC, and Stone MH. The general adaptation syndrome: a foundation for the concept of periodization. *Sports Med* 48: 787-797, 2018.

19. Duchateau J and Hainaut K. Isometric or dynamic training: differential effects on mechanical properties of a human muscle. *J Appl Physiol* 56: 296-301, 1984.

20. Edouard P, Mendiguchia J, Guex K, Lahti J, Samozino P, and Morin JB. Sprinting: a potential vaccine for hamstring injury. *Sport Performance & Science Reports* 48: v1, 2019.

21. Eirale C, Tol JL, Farooq A, Smiley F, and Chalabi H. Low injury rate strongly correlates with team success in Qatari professional football. *Br J Sports Med* 47: 807-808, 2013.

22. Ekstrand J, Spreco A, Windt J, and Khan KM. Are elite soccer teams' preseason training sessions associated with fewer in-season injuries? A 15-year analysis from the union of european football associations (UEFA) elite club injury study. *Am J Sports Med* 48: 723-729, 2020.

23. Foster C. Monitoring training in athletes with reference to overtraining syndrome. *Med Sci Sports Exerc* 30: 1164-1168, 1998.

24. Grandou C, Wallace L, Impellizzeri FM, Allen NG, and Coutts AJ. Overtraining in resistance exercise: an exploratory systematic review and methodological appraisal of the literature. *Sports Med* 50: 815-828, 2020.

25. Hakkinen K, Alen M, and Komi PV. Changes in isometric force- and relaxation-time, electromyographic and muscle fibre characteristics of human skeletal muscle during strength training and detraining. *Acta Physiol Scand* 125: 573-585, 1985.

26. Hakkinen K and Komi PV. Changes in electrical and mechanical behavior of leg extensor

muscles during heavy resistance strength training. *Scand J Sports Sci* 7: 55-64, 1985.

27. Hakkinen K and Komi PV. Effect of explosive type strength training on electromyographic and force production characteristics of leg extensor muscles during concentric and various stretch-shortening cycle exercises. *Scand J Sports Sci* 7: 65-76, 1985.

28. Hakkinen K, Komi PV, and Alen M. Effect of explosive type strength training on isometric force- and relaxation-time, electromyographic and muscle fibre characteristics of leg extensor muscles. *Acta Physiol Scand* 125: 587-600, 1985.

29. Hamill BP. Relative safety of weightlifting and weight training. *J Strength Cond Res* 8: 53-57, 1994.

30. Haroy J, Clarsen B, Wiger EG, Oyen MG, Serner A, Thorborg K, Holmich P, Andersen TE, and Bahr R. The adductor strengthening programme prevents groin problems among male football players: a cluster-randomised controlled trial. *Br J Sports Med* 53: 150-157, 2019.

31. Hausswirth C, Louis J, Aubry A, Bonnet G, Duffield R, and Y LEM. Evidence of disturbed sleep and increased illness in overreached endurance athletes. *Med Sci Sports Exerc* 46: 1036-1045, 2014.

32. Hewett TE, Myer GD, Ford KR, Heidt RS, Jr., Colosimo AJ, McLean SG, van den Bogert AJ, Paterno MV, and Succop P. Biomechanical measures of neuromuscular control and valgus loading of the knee predict anterior cruciate ligament injury risk in female athletes: a prospective study. *Am J Sports Med* 33: 492-501, 2005.

33. Hulin BT, Gabbett TJ, Blanch P, Chapman P, Bailey D, and Orchard JW. Spikes in acute workload are associated with increased injury risk in elite cricket fast bowlers. *Br J Sports Med* 48: 708-712, 2014.

34. Hulin BT, Gabbett TJ, Lawson DW, Caputi P, and Sampson JA. The acute:chronic workload ratio predicts injury: high chronic workload may decrease injury risk in elite rugby league players. *Br J Sports Med* 50: 231-236, 2016.

35. Kawamori N, Newton RU, Hori N, and Nosaka K. Effects of weighted sled towing with heavy versus light load on sprint acceleration ability. *J Strength Cond Res* 28: 2738-2745, 2014.

36. Kawamori N, Newton R, and Nosaka K. Effects of weighted sled towing on ground reaction force during the acceleration phase of sprint running. *J Sports Sci* 32: 1139-1145, 2014.

37. Kawamori N, Nosaka K, and Newton RU. Relationships between ground reaction impulse and sprint acceleration performance in team sport athletes. *J Strength Cond Res* 27: 568-573, 2013.

38. Keogh JW and Winwood PW. The epidemiology of injuries across the weight-training sports. *Sports Med* 47: 479-501, 2017.

39. Kerksick CM, Wilborn CD, Roberts MD, Smith-Ryan A, Kleiner SM, Jager R, Collins R, Cooke M, Davis JN, Galvan E, Greenwood M, Lowery LM, Wildman R, Antonio J, and

Kreider RB. ISSN exercise & sports nutrition review update: research & recommendations. *J Int Soc Sports Nutr* 15: 38, 2018.

40. Kikuchi N, Honma H, and Nakazato K. Effect of gene polymorphisms on sensitivity to resistance training, In: Barh D and Ahmetov I, eds, *Sports, Exercise, and Nutritional Genomics*. Elsevier, 2019, pp 189-209.

41. Lauersen JB, Bertelsen DM, and Andersen LB. The effectiveness of exercise interventions to prevent sports injuries: a systematic review and meta-analysis of randomised controlled trials. *Br J Sports Med* 48: 871-877, 2014.

42. Leite CMF, Profeta V, Chaves SFN, Benine RPC, Bottaro M, and Ferreira-Junior JB. Does exercise-induced muscle damage impair subsequent motor skill learning? *Hum Mov Sci* 67: 102504, 2019.

43. Mah CD, Mah KE, Kezirian EJ, and Dement WC. The effects of sleep extension on the athletic performance of collegiate basketball players. *Sleep* 34: 943-950, 2011.

44. Malone S, Owen A, Mendes B, Hughes B, Collins K, and Gabbett TJ. High-speed running and sprinting as an injury risk factor in soccer: Can well-developed physical qualities reduce the risk? *J Sci Med Sport* 21: 257-262, 2018.

45. Malone S, Roe M, Doran DA, Gabbett TJ, and Collins K. High chronic training loads and exposure to bouts of maximal velocity running reduce injury risk in elite Gaelic football. *J Sci Med Sport* 20: 250-254, 2017.

46. McHugh MP. Recent advances in the understanding of the repeated bout effect: the protective effect against muscle damage from a single bout of eccentric exercise. *Scand J Med Sci Sports* 13: 88-97, 2003.

47. McHugh MP, Connolly DA, Eston RG, and Gleim GW. Exercise-induced muscle damage and potential mechanisms for the repeated bout effect. *Sports Med* 27: 157-170, 1999.

48. Mendiguchia J, Alentorn-Geli E, and Brughelli M. Hamstring strain injuries: are we heading in the right direction? *Br J Sports Med* 46: 81-85, 2012.

49. Morin JB, Edouard P, and Samozino P. Technical ability of force application as a determinant factor of sprint performance. *Med Sci Sports Exerc* 43: 1680-1688, 2011.

50. Morin JB, Slawinski J, Dorel S, de Villareal ES, Couturier A, Samozino P, Brughelli M, and Rabita G. Acceleration capability in elite sprinters and ground impulse: Push more, brake less? *J Biomech* 48: 3149-3154, 2015.

51. Morton RH, Fitz-Clarke JR, and Banister EW. Modeling human performance in running. *J Appl Physiol* 69: 1171-1177, 1990.

52. Morton RW, Murphy KT, McKellar SR, Schoenfeld BJ, Henselmans M, Helms E, Aragon AA, Devries MC, Banfield L, Krieger JW, and Phillips SM. A systematic review, meta-analysis and meta-regression of the effect of protein supplementation on resistance training-induced gains in muscle mass and strength in healthy adults. *Br J Sports Med* 52: 376-384, 2018.

53. Mujika I. *Tapering and Peaking for Optimal Performance*. Human Kinetics, Champaign, IL, 2009.

54. Nosaka K, Lavender A, Newton M, and Sacco P. Muscle damage in resistance training: is muscle damage necessary for strength gain and muscle hypertrophy? *Int J Sports Health Sci* 1: 1-8, 2003.

55. Nosaka K and Newton M. Difference in the magnitude of muscle damage between maximal and submaximal eccentric loading. *J Strength Cond Res* 16: 202-208, 2002.

56. Nosaka K, Newton MJ, and Sacco P. Attenuation of protective effect against eccentric exercise-induced muscle damage. *Can J Appl Physiol* 30: 529-542, 2005.

57. Nosaka K, Sakamoto K, Newton M, and Sacco P. How long does the protective effect on eccentric exercise-induced muscle damage last? *Med Sci Sports Exerc* 33: 1490-1495, 2001.

58. Nosaka K, Sakamoto K, Newton M, and Sacco P. The repeated bout effect of reduced-load eccentric exercise on elbow flexor muscle damage. *Eur J Appl Physiol* 85: 34-40, 2001.

59. Raysmith BP and Drew MK. Performance success or failure is influenced by weeks lost to injury and illness in elite Australian track and field athletes: a 5-year prospective study. *J Sci Med Sport* 19: 778-783, 2016.

60. Reinold MM, Macrina LC, Fleisig GS, Aune K, and Andrews JR. Effect of a 6-week weighted baseball throwing program on pitch velocity, pitching arm biomechanics, passive range of motion, and injury rates. *Sports Health* 10: 327-333, 2018.

61. Rippetoe M and Baker A. *Practical Programming for Strength Training*. The Aasgaard Company, Wichita Falls, TX, 2013.

62. Stone MH, Keith RE, Kearney JT, Fleck SJ, Wilson GD, and Triplett NT. Overtraining: a review of the signs, symptoms and possible causes. *J Appl Sport Sci Res* 5: 35-50, 1991.

63. Stone MH, Stone M, and Sands WA. *Principles and Practice of Resistance Training*. Human Kinetics, Champaign, IL, 2007.

64. Stults-Kolehmainen MA and Bartholomew JB. Psychological stress impairs short-term muscular recovery from resistance exercise. *Med Sci Sports Exerc* 44: 2220-2227, 2012.

65. Stults-Kolehmainen MA, Bartholomew JB, and Sinha R. Chronic psychological stress impairs recovery of muscular function and somatic sensations over a 96-hour period. *J Strength Cond Res* 28: 2007-2017, 2014.

66. Vaile J, Halson S, and Graham SM. Recovery review: science vs. practice. *J Aust Strength Cond* 18: 5-21, 2010.

67. van Dyk N, Behan FP, and Whiteley R. Including the Nordic hamstring exercise in injury prevention programmes halves the rate of hamstring injuries: a systematic review and meta-analysis of 8459 athletes. *Br J Sports Med* 53: 1362-1370, 2019.

68. Weiss KJ, Allen SV, McGuigan MR, and Whatman CS. The relationship between training load and injury in men's professional basketball. *Int J Sports Physiol Perform* 12: 1238-

1242, 2017.

69. Williams S, Trewartha G, Kemp SP, Brooks JH, Fuller CW, Taylor AE, Cross MJ, and Stokes KA. Time loss injuries compromise team success in Elite Rugby Union: a 7-year prospective study. *Br J Sports Med* 50: 651-656, 2016.

70. Windt J, Gabbett TJ, Ferris D, and Khan KM. Training load-injury paradox: is greater preseason participation associated with lower in-season injury risk in elite rugby league players? *Br J Sports Med* 51: 645-650, 2017.

71. Zatsiorsky VM. *Science and Practice of Strength Training*. Human Kinetics, Champaign, IL, 1995.

72. 加賀洋平．スクワットができなくたっていい．In: GS Performance．ブログ．http://gsperformance.tokyo/blog/2013/02/05/297/, 2013.

73. 勝原竜太．ムーブメントスキルを高める−これなら伝わる，動きづくりのトレーニング．ブックハウス・エイチディ，東京，2016.

74. 河森直紀．ピーキングのためのテーパリング−狙った試合で最高のパフォーマンスを発揮するために−．ナップ，東京，2018.

75. 河森直紀．レジスタンストレーニング「漸進性過負荷の原則」．In: AthleteBody.jp. https://athletebody.jp/2014/03/27/progressive-overload/, 2014.

76. 齋藤健治．「トレーニングの原理・原則」に関する一考察．名古屋学院大学論集 医学・健康科学・スポーツ科学篇 = Journal of Nagoya Gakuin University 5: 1-14, 2016.

77. 谷本道哉，荒川裕志．使える筋肉・使えない筋肉−アスリートのための筋力トレーニングバイブル．ナツメ社，東京，2018.

78. 中垣浩平，尾野藤直樹．簡易的なトレーニング定量法の有用性 : カヌースプリントナショナルチームのロンドンオリンピックに向けたトレーニングを対象として．体育学研究 59: 283-295, 2014.

79. 日本パワーリフティング協会．http://www.jpa-powerlifting.or.jp/powerlifting. 2019.

80. 日本ボディビル・フィットネス連盟．https://www.jbbf.jp/Other/JBBF_Gaiyo.html. 2019.

81. 眞鍋芳明．専門的体力トレーニングの実際．In: 日本コーチング学会，編，コーチング学への招待．大修館書店，東京，pp 164-178, 2017.

82. 宮下充正．スポーツ科学再考 2．トレーニングと練習の目的は，違うことを理解しよう．スポーツメディスン，216: 34-35, 2019.

■ 著者略歴

河森 直紀（かわもり なおき） PhD，CSCS

　1979 年神奈川県生まれ。埼玉県育ち。

　大学卒業後，スポーツ科学の研究者になることを目指し，アメリカ・オーストラリアの大学院に留学。2008 年に博士号を取得。

　しかし，大学院でアスリートを対象にした研究をしているうちに，「研究をするよりもスポーツ現場で働きたい」という情熱が膨らみ，方向転換。

　研究者になる道を捨て，アスリートに対してトレーニング指導を行うストレングス＆コンディショニング（S&C）コーチとして活動することを決意。

　その後，シンガポールの政府機関である Singapore Sports Council（現 Sport Singapore）や日本の国立スポーツ科学センターにて S&C コーチとして勤務し，それぞれの国の代表選手に対するトレーニング指導を担当。

　2017 年にフリーランスの S&C コーチとして独立。

　現在は，さまざまな競技のアスリートやチームと契約を結び，トレーニングを指導している。

　また，「博士号をもつ S&C コーチ」というバックグラウンドを活かすため，セミナーや執筆活動を通じて，自らの経験や知識を伝える活動を行っている。

　ブロガーとしての顔ももち，自身が運営しているブログ「S&C つれづれ」は同業者だけでなく，アスリートや競技コーチにも広く読まれている。

■ブログ　「S&C つれづれ」　http://kawamorinaoki.jp/

競技力向上のためのウエイトトレーニングの考え方

2020 年 9 月 4 日　第 1 版　第 1 刷
2024 年 3 月 25 日　第 1 版　第 2 刷

著　者　河　森　直　紀
発行者　腰　塚　雄　壽
発行所　有限会社ナップ
　　　　〒 111-0056　東京都台東区小島 1-7-13 NK ビル
　　　　TEL 03-5820-7522 ／ FAX 03-5820-7523
　　　　ホームページ　http://www.nap-ltd.co.jp/
印　刷　三報社印刷株式会社

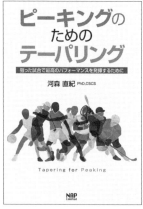
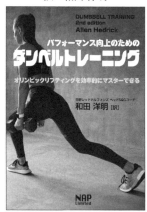